# lectura **eficaç**
## Jo**c**s **de** Le**c**tura **56**⁵

# Simó, Simó

### Salvador Fargas i Cots

Bruño

Direcció del projecte editorial
**Antonio Díaz**

Cap de publicacions de material complementari
**Bruno Bucher**

Coordinació de disseny
**Cristóbal Gutiérrez**

Il·lustració de coberta
**Javier Zabala**

Il·lustració d'interiors
**José Luis Tellería**

Les activitats d'aquest quadern, que es basen en el llibre *Simó, Simó,* d'Emilio Sanjuán, publicat pel Grupo Editorial Bruño en la seva col·lecció «Altamar», número 43, estan elaborades d'acord amb els criteris psicopedagògics i els requeriments del Projecte Editorial de **Jocs de Lectura - Lectura Eficaç** (versió 2005).

La denominació **Jocs de Lectura - Lectura Eficaç** (distintiu amb gràfic) està enregistrada a nom de Grupo Editorial Bruño, S. L. (marca M1567099).

© del text: Salvador Fargas i Cots, 2008
© d'aquesta edició: Grupo Editorial Bruño, S. L., 2012
  Juan Ignacio Luca de Tena, 15
  28027 Madrid

ISBN: 978-84-216-6054-6
Dipòsit legal: M-2527-2011
*Printed in Spain*

## Abans de llegir el llibre

Quants anys tens?

Quin nivell estàs a punt de començar?

A quina escola vas?

T'agrada anar cada dia a l'escola?

Has llegit alguna història de nens i nenes que, com tu, també anaven a l'escola?

En recordes alguna?

*Simó, Simó* és la història d'un nen de la teva edat. Està a punt de començar cinquè de primària.

En Simó és un nen com tants d'altres.

Té uns pares que se l'estimen molt.

Té una germana petita. Encara que s'estimen molt, a vegades...

En Simó acaba de començar cinquè, potser com tu, i comença per a ell una nova història..., o millor, moltes històries i algunes de ben divertides. També n'hi ha altres que...

No sap ben bé quina assignatura li agrada més ni quina li agrada menys, però té ben clar que la classe de manualitats és la seva preferida.

Aprecia el senyor Ambròs, el seu professor, encara que alguna vegada li acaba la paciència...

Bé, no avancem esdeveniments... Ja ho aniràs descobrint a mesura que vagis llegint el llibre. A més, podràs fer aquest quadern que tens entre mans, que t'ajudarà a millorar la teva lectura, sobretot si cada dia llegeixes una estona a casa teva.

# Tipus de jocs

## Per llegir millor

## Atenció i habilitat visual

## Vocabulari

## Sintaxi i estil

## Memòria

## Comprensió

## Lectura en veu alta

# Índex

## Comprensió de la lectura

1. **A qui s'assemblava molt en Simó?**

   a) A la seva mare.
   b) Al seu pare, però era més baixet.
   c) Al seu pare, però era més alt.

2. **Què podia fer amb el seu cap?**

   a) Imaginar històries i aventures.
   b) Imaginar pel·lícules.
   c) Despentinar-se els cabells.

3. **Quin era el seu únic defecte?**

   a) Que era molt ràpid.
   b) Que era molt triganer.
   c) Que era molt esquerp.

4. **Per què feia tard a tot arreu?**

   a) Perquè li feien mal les cames.
   b) Perquè cuidava la seva germana.
   c) Perquè tenia molta imaginació.

5. **On anava en Simó una tarda esplèndida de sol?**

   a) Al bosc a passejar.
   b) A la biblioteca a llegir.
   c) A l'escola.

6. **Què hi havia a l'altre costat de la tàpia?**

   a) Un hort meravellós amb moltes plantes.
   b) Un jardí ple de flors.
   c) No hi havia res.

7. **Per què es va acostar a l'espantall?**

   a) Per veure quin vestit portava.
   b) Per veure qui era.
   c) Per veure'l ben de prop.

8. **Què va preguntar l'espantall a en Simó?**

   a) Si volia ser el seu amic.
   b) Si volia quedar-se una estona al seu lloc.
   c) Si li agradaven les bledes.

9. **Quina condició va posar en Simó?**

   a) Que només fos per una estona.
   b) Que no anés a veure els seus pares.
   c) Que li deixés posar el barret.

10. **Els ocells, què li van començar a picotejar?**

    a) Les mans i els braços.
    b) El nas i les galtes.
    c) El nas i les orelles.

11. **Com es deia la germana d'en Simó?**

    a) Fina.
    b) Ester.
    c) Sílvia.

12. **A la Fina, què li havia regalat la seva àvia?**

    a) Un nino molt petit.
    b) Una nina que plorava.
    c) Un nino molt gros.

13. **En descosir-se el nino, com va quedar tota la casa?**

    a) Plena de trossets d'esponja.
    b) Plena de trossets de paper.
    c) Plena de boles de cotó.

14. **Què va dir en Simó a la Fina?**

    a) Que ell l'havia fet malbé.
    b) Que no sabia res del que havia passat.
    c) Que havia vist el gat esgarrapant en Gegant.

15. **Quina va ser la resposta de la Fina?**

    a) Que ho diria a la seva mare.
    b) Que ja s'ho trobaria.
    c) Es va enfadar i el va esgarrapar.

16. **En sentir la veu, què li va passar a en Simó?**

    a) Li va agafar por.
    b) Va quedar bocabadat.
    c) Se li van posar el cabells de punta.

17. **Quan en Simó es va girar, qui va veure?**

    a) La seva germana plorant.
    b) En Gegant assegut en una cadira.
    c) En Gegant dret al costat de la cadira.

18. **Va quedar tan callat i pensatiu...**

    a) que no es va recordar d'anar a l'escola.
    b) que no es va moure de casa.
    c) que no es va recordar d'anar a sopar.

19. **En una altra ocasió, què li va dir en Gegant?**

    a) Que li donés tres caramels.
    b) Que li agradava jugar amb els trens.
    c) Que se n'anés a fer els deures.

20. **Sense saber com, a la Fina li va sortir...**

    a) un blau a la cama.
    b) un bony al cap.
    c) un morat a la cara.

## Vocabulari

Escriu cada una de les paraules del requadre davant de la definició corresponent. ◆

> **triganer – despistat – autèntic – espantall**
> **tafaner – tàpia – despentinar – ximple**

| | |
|---|---|
| _____ | Ninot o qualsevol altre objecte que es col·loca en un jardí, un camp, etc., per espantar els ocells. |
| _____ | Paret prima i no gaire alta que rodeja un espai descobert. |
| _____ | Veritable, no fals. Cert, legítim. |
| _____ | Que sol trigar força a fer les coses. |
| _____ | Desfer el pentinat. |
| _____ | De poc seny, poca-solta. |
| _____ | Desorientat, extraviat. |
| _____ | Xafarder. Amic de tafanejar, de xafardejar. |

## Omplir els buits

Omple els buits de les frases següents amb alguna de les paraules del vocabulari de l'activitat anterior. ◆

El meu amic és tan _____ que sempre arriba tard i és tan

_____ que sol deixar-se els llibres a casa.

El meu germà ha penjat un _____ fabulós al cirerer de casa per espantar els ocells; és un _____ artista.

En Joan no fa servir mai la pinta i sempre va _____.

És tan _____ que li diuen que fica el nas a tot arreu.

Em va caure la pilota a l'altre costat de la _____.

Fa tantes bajanades que li diuen que és un _____.

## Ho recordes

En la pàgina 11 del llibre hi ha un dibuix. Observa'l amb atenció durant 1 minut. Quan el professor/a ho indiqui, marca (x) si les afirmacions següents, referents al dibuix, són vertaderes (V) o falses (F). ◆

|  | | V | F |
|---|---|---|---|
| **L'espantall:** | • porta un barret de palla | | |
| | • té els braços ben estesos | | |
| | • té els peus amagats | | |
| | • porta una espècie d'abric molt curt | | |
| | • té un pal darrere l'esquena | | |
| **En Simó:** | • té una fruita a les mans | | |
| | • porta pantalons curts | | |
| | • està mirant l'espantall | | |
| | • porta un cinturó molt bonic | | |
| | • també porta barret | | |
| **A l'hort:** | • s'hi veuen dos arbres | | |
| | • no es veuen per enlloc les cireres | | |
| | • hi corren dues rates | | |
| | • s'hi veuen algunes plantes | | |

## Completar paraules

Completa aquestes paraules amb les lletres que hi falten ◆

```
E _ PA _ T _ LL
DE _ PI _ T _ T
B _ RR _ T
CA _ AM _ LS
T _ MÀ _ UE _ S
BI _ LI _ T _ CA
BU _ AQ _ ES
```

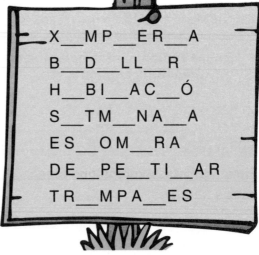

```
X _ MP _ ER _ A
B _ D _ LL _ R
H _ BI _ AC _ Ó
S _ TM _ NA _ A
ES _ OM _ RA
DE _ PE _ TI _ AR
TR _ MPA _ ES
```

## *Per llegir millor*

Llegeix d'un sol cop d'ull les paraules o expressions de les tres columnes. Després, torna-les a llegir més ràpidament. ◆

| A | B | C |
|---|---|---|
| sol | dir | que |
| cap | cas | som |
| anys | roba | gros |
| mans | bosc | molt |
| aviat | posar | plena |
| fa sol | barret | temps |
| cames | ho vol | un sac |
| braços | pomes | al bosc |
| li va dir | passar | cambra |
| damunt | la casa | li va fer |
| de prop | feia sol | recordar |
| una veu | triganer | van anar |
| cada dia | animats | germana |
| imaginar | una mica | farciment |
| va trobar | el més alt | una tarda |
| on deu ser | germanes | trompada |
| trompades | tomàquets | tens de tot |
| tal com era | no para mai | es va girar |

## *Bona vista*

Busca ràpidament la columna corresponent a cada una de les paraules o expressions següents. ◆

| on deu ser \_\_\_\_ | li va dir \_\_\_\_ | germanes \_\_\_\_ | de prop \_\_\_\_ |
|---|---|---|---|
| ho vol \_\_\_\_ | imaginar \_\_\_\_ | al bosc \_\_\_\_ | recordar \_\_\_\_ |
| tens de tot \_\_\_\_ | feia sol \_\_\_\_ | damunt \_\_\_\_ | animats \_\_\_\_ |

**Busca quantes expressions tenen:**

tres paraules: \_\_\_\_\_       dues paraules \_\_\_\_\_

**Escriu totes les paraules que porten B:**

_____

## Fes memòria

**De les setze paraules o expressions que hi ha a continuació, n'hi ha nou que han sortit en les columnes de la pàgina anterior. Subratlla-les.** ◆

| | | | |
|---|---|---|---|
| on deu ser | acompanyar | germanes | van arribar |
| els va donar | li va dir | comentaris | cada dia |
| tomàquets | amb el cap | instal·lar | una mica |
| trompades | braços | es va girar | cargolades |

## Paraules repetides

**En aquestes columnes hi ha algunes paraules repetides. Escriu-les i indica el nombre de vegades que es repeteixen.** ◆

| | | |
|---|---|---|
| gràcies | esplèndid | tàpia |
| espavilat | tafaner | molestar |
| pensatiu | tomàquet | autèntic |
| baixets | espantall | regalar |
| històries | òliba | descosir |
| gràcies | avorrir | tàpia |
| imaginar | esplèndid | molestar |
| conèixer | espavilat | pròpies |
| aventures | examinar | decidir |
| històries | tomàquet | autèntic |
| triganer | aixecar | espantar |
| gràcies | accedir | demanar |
| pirates | esplèndid | tàpia |
| convertir | començar | explicar |
| conèixer | òliba | autèntic |
| històries | respondre | pròpies |
| despistat | tomàquet | espavilat |
| gràcies | esplèndid | tàpia |

_____ _____

_____ _____

_____ _____

_____ _____

_____ _____

_____ _____

_____ _____

_____ _____

_____ _____

**Hi ha una paraula que es repeteix en les tres columnes. Quina és?**

_____

**Què tenen en comú totes les paraules de les respostes?**

_____

## Preguntes de memòria i comprensió

**Contesta amb poques paraules les preguntes següents.** ◆

**1.** Com es deia la germana d'en Simó?

_____

**2.** A qui s'assemblava en Simó?

_____

**3.** Quin era l'únic defecte d'en Simó?

_____

**4.** Una tarda, anant a l'escola, què va trobar en Simó pel camí?

_____

**5.** Què va demanar l'espantall a en Simó?

_____

**6.** Quan en Simó va explicar el que li havia passat amb l'espantall, què va succeir?

_____

## Lectura en veu alta

**Llegeix el text i vés triant la paraula adequada de les dues que hi ha entre parèntesis. Intenta no trencar el ritme de la lectura.** ◆

Cada dia, quan (sortien – corrien) d'escola, els dos germans jugaven a la mateixa (habitació – cuina), però en Simó no parava (més – mai) de molestar la seva germana. Si la Fina pentinava les (nines – mones), en Simó les despentinava. Si la Fina (saltava – jugava) a saltar, en Simó li enredava la (corda – roba) i la pobra Fina havia d'acabar desfent un (món – munt) de nusos.

Feia uns quants (panys – anys) que l'àvia havia regalat a la Fina un nino molt (gras – gros). Era tan gros, que li van posar de (mot – nom) Gegant. Tenia un cap enorme i era gairebé més (alt – baix) que en Simó. En Gegant era el nino preferit de la (meva – seva) germana.

## Comprensió de la lectura

1. **Quines altres coses interessen ara a en Simó?**

   a) Veure els dibuixos de la televisió.
   b) Visitar l'hort del veí i jugar a pilota.
   c) Visitar l'espantall i, sobretot, estudiar.

2. **A en Simó, què li agradava estudiar?**

   a) La vida dels gats, gossos i ocells.
   b) La vida dels cucs de terra i altres animals petits.
   c) Totes les coses que s'estudien a classe.

3. **Què feia en Simó els dies de pluja?**

   a) Passava l'estona dibuixant a casa seva.
   b) Passava l'estona mirant contes.
   c) Jugava amb les seves joguines.

4. **Quan es va envolar la nau?**

   a) Mentre en Simó estava jugant.
   b) Després de pintar-li unes antenes.
   c) Després de fer-hi pujar «Supermosca».

5. **Com li anaven les batalles a «Supermosca»?**

   a) No en solia sortir victoriós.
   b) Li anaven d'allò més bé.
   c) En sortia sempre victoriós.

6. **Un dia, en sortir al carrer, de què es va adonar en Simó?**

   a) Que la seva ombra no l'acompanyava.
   b) Que la seva ombra el perseguia.
   c) Que plovia molt.

7. **Espantat pel soroll de les llaunes, on va entrar l'animal?**

   a) A casa d'en Simó.
   b) Al mercat, ben a poc a poc.
   c) Al mercat, corrent entre la gent.

8. **El carnisser, què duia a la mà?**

   a) Un tros de carn.
   b) Un ganivet enorme.
   c) Un ganivet de butxaca.

9. **En Simó, molt enfadat, què va dir a l'ombra?**

   a) Que només sortiria una estona de casa.
   b) Que no sortiria mai més de casa.
   c) Que no la deixaria entrar més a casa.

10. **Com estava en Simó en veure que l'ombra no tornava a casa?**

    a) Ben content que el deixés tranquil.
    b) Una mica trist perquè es quedava sol.
    c) Molt preocupat pel que podia passar.

11. **Què era el més important de «Supermosca»?**

    _____

12. **Què li va passar a «Supermosca» en la lluita contra els robots galàctics?**

    _____

13. **Quin problema tenia en Simó?**

    _____

14. **Què va fer l'ombra en tornar al costat d'en Simó?**

    _____

15. **Per què l'ombra havia sortit de casa i havia deixant en Simó?**

    _____

# Vocabulari

**Escriu les paraules del requadre davant de la definició corresponent.** ◆

> panteixar, acrobàcies, badar, detectar, entortolligar, espaordit,
> pressentiment, envolar-se

_____ Respirar agitadament i fatigosament.
_____ Descobrir la presència d'algú o d'alguna cosa.
_____ Que té molta por. Esgarrifat, esglaiat.
_____ Actes o maniobres que presenten molta dificultat.
_____ Anar-se'n volant un avió o un ocell.
_____ Convicció o impressió que ha d'ocórrer alguna cosa.
_____ Doblegar o lligar alguna cosa al voltant d'una altra.
_____ Encantar-se mirant alguna cosa.

# Completar les frases

**Omple els buits amb les paraules del vocabulari.** ◆

**1.** L'avió es va _____ amb una hora de retard.

**2.** Només fas que _____ i així no arribarem a l'hora.

**3.** No deixa de _____ després de la llarga correguda que ha fet.

**4.** Avui tinc el _____ que el Barça guanyarà el partit.

**5.** No s'atrevia a moure's de tan _____ que estava.

**6.** Aquest cavall porta una corda _____ al coll.

**7.** L'equilibrista va caure de la corda quan feia una de les seves _____.

**8.** Al final han pogut _____ l'avaria de la màquina.

## Ho recordes?

**Assenyala amb una creu les frases que fan referència a en Simó.** ◆

1. _____ Ja no feia enfadar la seva germana.
2. _____ Passava l'estona anant a caçar al bosc.
3. _____ Va dibuixar una nau espacial molt bonica.
4. _____ Amb la nau espacial va fer una visita a la Lluna.
5. _____ Va lligar unes llaunes a la cua del gos.
6. _____ Un dia es va adonar que l'ombra no el seguia.
7. _____ Va deslligar les llaunes de la cua del gos.
8. _____ Duia un ganivet molt gros a la mà.
9. _____ Es va acostar al gos i va procurar tranquil·litzar-lo.
10. _____ Estava molt preocupat pel que podia passar amb l'ombra.

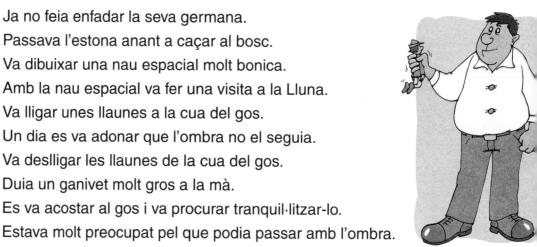

## Sèrie de paraules

**Digues quantes vegades es repeteix la paraula que encapçala cada sèrie.** ◆

**enfadar**

energia, enervar, enfadar, enferir, enfadar, enfilar, enfocar, enfora, enfranc, enfadar, enfront, enganar, engany, enfadar, engegar, enfadar, enginy, enfadar, engolar, enfadar, engreix.

**estones**

escuma, escurar, estones, escurçó, escures, estones, esferes, esfèric, estones, esforç, esfumar, esgarip, esgotar, estones, estofar, estofat, estones, estómac, estones, estores, estovar.

**armaris**

arameu, aranyes, aranzel, armaris, àrbitre, arbitri, arboçar, arbreda, armada, armaris, armilla, armaris, arpiots, arpista, arrancar, arrapar, armaris, arrasar, arrelam, armaris, arrencar.

**verdura**

ventura, verdura, venudes, verbals, verdors, verdosa, verdura, verdum, veredes, verdura, verema, veremar, verídic, verdura, verdura, veritat, verneda, versets, vespres, verdura, vessant.

**magatzem**

madurar, magisteri, magnèsia, magatzem, magnètic, magnífic, magnitud, magatzem, magnòlia, magrana, magatzem, magraner, majories, majordom, majúscul, magatzem, migdiada, migració.

# Nombres i paraules

**Llegeix amb atenció les paraules d'aquestes columnes** ◆

| | | |
|---|---|---|
| 25 enfadar | 23 carrer | 21 petita |
| 17 interessar | 19 armaris | 13 enorme |
| 35 visitar | 31 escola | 37 negre |
| 49 estudiar | 47 cucs | 45 buides |
| 24 vendre | 26 pluja | 28 espacial |
| 30 sortir | 34 braços | 32 bonica |
| 48 dibuixar | 44 coets | 46 valent |
| 52 perdre | 58 antena | 56 terrible |

**Les vuit paraules de cada columna, tenen una particularitat comuna. Quina?**

1a _____ 2a _____ 3a _____

**Busca amb rapidesa les paraules que corresponen a aquests nombres:**

| 35 _____ | 28 _____ | 34 _____ |
|---|---|---|
| 23 _____ | 24 _____ | 37 _____ |
| 56 _____ | 26 _____ | 48 _____ |

**I ara, busca els nombres que corresponen a les paraules següents:**

| perdre _____ | cucs _____ | valent _____ |
|---|---|---|
| enorme _____ | sortir _____ | braços _____ |
| coets _____ | estudiar _____ | buides _____ |

# Posa ordre

**Si ordenes adequadament les paraules dels rectangles, podràs formar dues frases del capítol 3. Escriu-les en les línies de sota.** ◆

| | | | |
|---|---|---|---|
| Ja no | havia de | Xírius. | la seva |
| La nau | feia enfadar | germana | al planeta |
| de reconeixement | petita. | fer | un vol |

_____

_____

# Bona vista

**Respon tan ràpid com puguis les preguntes que hi ha a sota de cada requadre.** ◆

| a | m | s | d | s |
|---|---|---|---|---|
| p | b | f | r | e |
| o | t | a | c | n |
| g | l | c | b | ç |
| b | e | h | l | u |

| 83 | BC | SF | 86 | TD |
|----|----|----|----|----|
| ST | FE | AD | SA | 84 |
| FA | 82 | SF | 88 | SA |
| 87 | TS | 80 | SN | SF |
| SF | RG | 81 | AS | FC |

- Quina vocal hi falta? _____
- Quines vocals hi són dues vegades? _____
- Quantes vegades hi és la lletra *b*? _____
- Quines consonants hi són dues vegades? _____
- Quina paraula d'onze lletres que surt en el capítol 3 pots formar amb les lletres del requadre? _____

- Quin és el nombre més gran?_____
- Quantes vegades apareix la combinació *SF*? _____
- Quantes vegades es repeteix la xifra 8? _____
- Els nombres segueixen un ordre. Quin nombre hi falta? _____
- Quina és la consonant més repetida?_____

# Busquen parella

**Les paraules numerades són sinònimes de les que hi ha en les quatre columnes. Escriu en l'espai buit el nombre del sinònim corresponent.** ◆

| 1. enfadat | 2. agradar | 3. important | 4. capaç |
|---|---|---|---|
| 5. començar | 6. sortir | 7. enorme | 8. preocupat |

| | | | |
|---|---|---|---|
| _____ apte | _____ grandiós | _____ preat | _____ immens |
| _____ empipat | _____ encaparrat | _____ competent | _____ enutjat |
| _____ complaure | _____ iniciar | _____ amoïnat | _____ satisfer |
| _____ valuós | _____ eixir | _____ anar-se'n | _____ encetar |

## Fuga de vocals

**Prepara la lectura del text. Completa els mots amb les lletres que hi falten i, després, llegeix el text en veu alta.** ◆

L'animal, espant__t pel sor__ll de les lla__nes, va entr__r al mercat i va córr__r entre la g__nt, qu__, en ve__re'l, també arr__nc__va a córr__r esp__nt__da. Una pila de p__ts de det__rgent va an__r per t__rra. Una seny__ra es va ent__rtoll__gar amb la c__rda i les ll__u-nes i també va c__ure, ella i cist__ll, enmig d'una esc__mp__dissa de t__màqu__ts i verd__res. A la peix__teria, el gos va f__r caure un c__bell de cr__ncs, i les besti__l es van com__nçar a enfil__r-se a les sab__tes de les seny__res que est__ven compr__nt.

## Sopa de lletres

**Busca en la sopa de lletres les paraules del requadre de l'esquerra** ◆

| | | | | | | | | | | |
|---|---|---|---|---|---|---|---|---|---|---|
| C | I | S | T | E | L | L | I | B | R | A | Ç |
| H | E | N | E | G | A | R | D | E | P | J | U |
| E | M | A | G | A | T | Z | E | M | R | M | F |
| I | Q | U | D | L | U | G | U | B | E | A | D |
| C | B | T | X | A | S | E | R | U | O | D | E |
| R | D | O | I | C | B | M | E | R | C | A | T |
| A | P | R | R | T | G | O | S | E | U | I | E |
| N | E | E | I | I | E | C | H | V | P | L | R |
| C | O | S | U | C | R | T | B | M | A | S | G |
| S | F | I | S | S | G | A | G | I | T | U | E |
| V | R | A | T | N | E | T | N | I | S | A | N |
| O | A | Z | G | A | N | I | V | E | T | X | T |

negar
negre
ganivet
detergent
autores
deures
magatzem
crancs
cistell
galàctics
mercat
Xírius
braç
preocupats
intentar

## Comprensió de la lectura

**1. A quin curs havia de passar en Simó?**

   a) A secundària.
   b) A cinquè de primària.
   c) A sisè de primària.

**2. Quin mestre acabava d'arribar a l'escola?**

   a) El senyor Ambròs.
   b) El Senyor Mas.
   c) El senyor Ros.

**3. Abans de començar el curs, els professors es van reunir...**

   a) per distribuir les classes.
   b) per fer el nou horari de les classes.
   c) per parlar dels nous alumnes.

**4. En trobar-se amb els altres nens, en Simó...**

   a) s'adonà que tots eren més baixets que ell.
   b) s'adonà que tots eren més alts que ell.
   c) va veure que no coneixia ningú.

**5. La seva classe de 5è era...**

   a) al segon pis.
   b) al pis de dalt.
   c) a la planta baixa.

**6. En Simó, abans d'entrar a l'aula,...**

   a) va mirar si havia arribat el mestre.
   b) va mirar quin mestre hi havia.
   c) va trucar a la porta.

**7. Com era la biblioteca de la classe?**

   a) Molt nova i bonica.
   b) Una mica vella i amb pocs llibres.
   c) Molt fosca.

**8. El mestre va ordenar a en Simó...**

   a) que deixés els llibres ben ordenats a l'armari.
   b) que tragués els llibres de la cartera.
   c) que sortís tot seguit al pati.

**9. En Simó, per fer la seva feina,...**

   a) disposava d'un parell d'hores.
   b) tenia fins a l'hora d'anar al pati.
   c) disposava de tot el matí.

**10. Com era la senyora Càndida?**

   a) Era una senyora alta i rossa.
   b) Era baixeta i amb el cabell blanc.
   c) Era una senyora ni alta ni baixa.

**11. En Simó, en relliscar la cadira enrere,...**

   a) va caure fent un gran terrabastall.
   b) va caure damunt l'alumne del costat.
   c) va anar a parar als peus del mestre.

**12. En aixecar els braços el senyor Ambròs,...**

   a) els nois van seure al seu lloc.
   b) els nois van començar a cantar.
   c) els nois es van posar a cridar.

**13. El mestre, què va preguntar a en Simó?**

   a) El nom de la cançó que havien cantat.
   b) El nom de la senyora que els visitava.
   c) Quin dia havien començat les classes.

**14. El mestre es va girar cap a la senyora...**

   a) per veure quina cara feia.
   b) per fer-li un petó.
   c) per demanar-li disculpes.

**15. Què li va passar a la senyora Càndida en sentir el nom que li deia en Simó?**

   a) Es va posar molt vermella.
   b) Va estar a punt d'anar-se'n.
   c) Va estar a punt de desmaiar-se.

**16. La senyora Càndida els volia comprar...**

   a) molts llibres d'aventura i d'històries.
   b) una mascota per a la classe.
   c) un diccionari per a cadascú.

**17. Què va demanar el mestre als alumnes?**

   a) Que cantessin una altra cançó.
   b) Que expliquessin un conte o que recitessin un poema.
   c) Que representessin una obra de teatre.

**18. Qui va preparar el berenar?**

   a) El senyor Ambròs.
   b) Els mateixos alumnes.
   c) El mestre i el porter de l'escola.

**19. La senyora va berenar amb els alumnes?**

   a) Sí.
   b) No.
   c) La lectura no ho diu.

**20. Quan la senyora Càndida ja va ser fora, el mestre...**

   a) no va fer cap comentari.
   b) va renyar molt fort en Simó.
   c) va enviar tothom a casa.

## Vocabulari

En cada requadre hi ha un sinònim de les paraules de la graella.
Escriu-les en la casella corresponent. ◆

| atrotinada, buidar, proposar, satisfet, lloar, respecte, ajudar, adornar, endreçar, apilar | | espatllada, veneració, decantar, aclamar, content, ajuntar, ordenar, aconsellar, engalanar, socórrer | |
|---|---|---|---|
| **decorar** | | **reverència** | |
| **deteriorada** | | **amuntegar** | |
| **cofoi** | | **auxiliar** | |
| **desar** | | **suggerir** | |
| **enaltir** | | **abocar** | |

## Completar frases

Omple els buits de les frases següents amb alguna de les paraules
en negreta de la graella. ◆

• És la festa major i hem de _____ tots els carrers del barri.

• Està molt _____ perquè aquest curs ha tret molt bones notes.

• Tinc la llibreta completament _____ de tant fer-la servir.

• La mare m'ha dit que he de _____ tota la roba a l'armari.

• Ahir vaig _____ un vellet que va caure a l'escala de casa.

• Hem d' _____ molta llenya per a la foguera de Sant Joan.

• Vaig _____ a uns amics que sortíssim de passeig el cap de setmana.

• El meu pare va _____ una ampolla d'aigua a les flors del balcó.

# Troba el missatge

Descobreix, mitjançant la clau, el missatge. Després, escriu-lo a sota. ◆

CLAU →

| 1 | 2 | 3 | 4 | 5 | 6 | 7 | 8 | 9 |
|---|---|---|---|---|---|---|---|---|
| L | A | S | P | O | U | B | N | E |

| 10 | 11 | 12 | 13 | 14 | 15 | 16 | 17 |
|----|----|----|----|----|----|----|----|
| G | T | R | C | F | V | D | I |

1 2  7 9 8 9 14 2 13 11 5 12 2  15 2  9 8 11 12 2 12

2  1 2  13 1 2 3 3 9.  9 1 3  8 5 17 3  9 3

15 2 8  4 5 3 2 12  16 12 9 11 3  17  1 17

15 2 8  16 5 8 2 12  1 2  7 9 8 15 17 8 10 6 16 2 .

# Camp visual

Llegeix verticalment i d'un sol cop d'ull les expressions de les dues primeres columnes i en dos cops d'ull les de la tercera. ◆

| | | |
|---|---|---|
| xop de suor | vetesifils | tal faràs, tal trobaràs |
| vistiplau | venir d'un pèl | han tingut la sort de cara |
| xerrar massa | ull de l'escala | tips d'anar amunt i avall |
| veure's perdut | treure la rifa | vine sense perdre temps |
| xafarderies | vés a passeig! | ja són a punt d'anar-se'n |
| ves què fas! | vessar de joia | és sord com una campana |
| val la pena | val més callar | el teu amic és un tros de pa |
| i un be negre | te'n penediràs | no presenta cap dificultat |
| ulls de poll | tenen bon cor | sigueu tots molt benvinguts |
| vas apanyat | ser a la lluna | si més no, és ben interessant |
| trencar el gel | tenim pressa | demà sortiran a fer gatzara |
| tots plegats | tenen mala sort | Tots han suat la cansalada |
| treure el cap | és a les portes | escolta'm tan sols una mica |
| tapar forats | són a punt de... | tenen la rialla a flor de llavis |
| volta pel cap | tocar a terra | té salut per donar i vendre |

## Per llegir millor

**Llegeix d'un sol cop d'ull cada una de les paraules o expressions de les tres columnes fixant la vista en la línia central. Després, torna-les a llegir.** ◆

| | A | | B | | C |
|---|---|---|---|---|---|
| 1 | anar | 1 | curs | 1 | això |
| 2 | camí | 2 | avui | 2 | gran |
| 3 | cançó | 3 | va dir | 3 | seure |
| 4 | abans | 4 | visita | 4 | fer-ho |
| 5 | passar | 5 | trobar | 5 | ja està |
| 6 | no hi és | 6 | dones | 6 | repetir |
| 7 | és igual | 7 | armari | 7 | mestre |
| 8 | alumnes | 8 | cartera | 8 | plantes |
| 9 | començar | 9 | desar-los | 9 | és igual |
| 10 | preguntar | 10 | jo em dic | 10 | triar lloc |
| 11 | com dius? | 11 | molt cofoi | 11 | el primer |
| 12 | ben segur | 12 | va pensar | 12 | secretari |
| 13 | és natural | 13 | companys | 13 | la música |
| 14 | respondre | 14 | pastanaga | 14 | he pensat |
| 15 | professors | 15 | l'hem avisat | 15 | una estona |
| 16 | em sembla | 16 | com has dit? | 16 | es va llevar |
| 17 | molt d'hora | 17 | es van reunir | 17 | el van avisar |
| 18 | ets de cinquè | 18 | ho has entès? | 18 | tancar de cop |
| 19 | ho has entès? | 19 | doncs, no ho sé | 19 | sí que en tens |

Temps 1: _____     Temps 2: _____

## Bona vista

**Busca, ràpidament, el nombre i la columna corresponents a cada una de les paraules o expressions següents.** ◆

| | | | | | |
|---|---|---|---|---|---|
| ets de cinquè | 18A | cançó | ____ | alumnes | ____ |
| companys | ____ | com dius? | ____ | molt d'hora | ____ |
| la música | ____ | tancar de cop | ____ | l'hem avisat | ____ |
| seure | ____ | el van avisar | ____ | desar-los | ____ |
| com has dit? | ____ | mestre | ____ | pastanaga | ____ |

## Bona memòria

De les setze paraules o expressions que hi ha a continuació, n'hi ha nou que surten en les columnes de la pàgina anterior. Subratlla-les. ◆

| | | | |
|---|---|---|---|
| el van avisar | trobar l'amo | pastanaga | com dius? |
| granja | mitja hora | una cosa | tranquil |
| armari | molt cofoi | es va llevar | professors |
| tots van seure | començar | estables | ho has entès |

## Pàgina numerada

Enumera les línies de la pàgina 25. Llegeix la pàgina i, després, respon les preguntes. ◆

**1. En quina línia trobes…**

a) …les paraules següents?

_____ preguntar
_____ començar
_____ companys
_____ reunir
_____ l'escola

b) …les expressions següents?

_____ van contestar alhora
_____ havia de passar
_____ el cabell de color
_____ com és natural
_____ ja l'hem avisat

5e
CURS

c) …la resposta a les preguntes següents?

_____ A quina classe havia de passar?
_____ Qui va contestar alhora?
_____ Per a què es van reunir?
_____ Quina fotografia mirava el mestre?
_____ De què van avisar el senyor Ambrós?

**2. Busca tan ràpid com puguis quantes vegades es repeteixen aquestes paraules:**

Simó _____, professors _____, alumnes _____, companys _____, senyor _____

**3. Escriu totes les paraules de més d'una síl·laba que porten la lletra:**

*b:* _____

*v:* _____

## Comprensió oberta

**Contesta amb poques paraules les preguntes següents.** ◆

**1.** De què van avisar el senyor Ambròs, els seus companys?

_____ .

**2.** Què va dir el senyor Ambròs d'en Simó?

_____ .

**3.** De què estava ben content en Simó?

_____ .

**4.** En entrar, a quina classe s'havia ficat en Simó?

_____ .

**5.** En Simó, què havia de fer amb els llibres dels prestatges?

_____ .

**6.** Per què en Simó va acompanyar la senyora Càndida fins a l'armari?

_____ .

## Lectura en veu alta

**Aquest capítol és molt adient per fer una lectura dialogada.
Podeu agafar, per exemple, de la pàgina 31 fins al final i repartir-vos els personatges. A més del narrador, quins personatges hi intervenen?** ◆

_____

Feu grups de cinc alumnes i prepareu la lectura. Fixeu-vos que els fragments que van entre guions els ha de llegir el narrador. El mestre o la mestra pot proposar que cada grup llegeixi una pàgina i el grup que ho hagi fet millor després les pot llegir totes cinc.

## Comprensió de la lectura

**1. Per a què serveix un terrari?**

　a) Per tenir-hi tota classe de peixos.
　b) Per abocar-hi molta terra.
　c) Per tenir-hi insectes i altres animalets.

**2. Què feien els alumnes a la sortida de l'escola?**

　a) Anaven a casa a fer els deures.
　b) Caçaven insectes per al terrari.
　c) Anaven a fer un partit de futbol.

**3. Què feien les bèsties que havien sobreviscut?**

　a) Saltaven per entre les taules i cadires.
　b) S'amagaven sota els armaris.
　c) Saltaven per entre les pedres de la caixa.

**4 Per indicar que els animals eren molt petits, què va fer en Simó?**

　a) Va dibuixar un puntet.
　b) Va fer una ratlleta.
　c) Va dibuixar un mosquit.

**5. De què es queixava la Laura?**

　a) Que per la classe volaven molts mosquits.
　b) Que havien fugit els insectes del terrari.
　c) Que hi havia uns insectes molt petits que picaven.

**6. Per què no hi va haver escola durant tres dies?**

　a) Perquè era temps de vacances.
　b) Per poder desinfectar les classes.
　c) Perquè el senyor Ambròs estava malalt.

**7 Per què en Simó no havia classificat els grills que havia agafat?**

　a) Perquè en tenia de moltes classes.
　b) Perquè no havia tingut temps.
　c) Perquè no en sabia.

**8. Qui va capturar tots els grills?**

　a) Els nens més petits.
　b) Els mateixos nois de la classe.
　c) El mestre, ajudat pels nois.

**9. Què va dir la Laura, la companya de taula d'en Simó?**

　a) Que no l'entenia mai.
　b) Que parlava en un altre idioma.
　c) Que no el volia de company de taula.

**10. Per què el mestre va enviar en Simó a casa?**

　a) Perquè l'acompanyessin al metge.
　b) Per por que li passés alguna cosa pitjor.
　c) Perquè a classe no feia res de bo.

**11. Què va portar en Simó per al terrari?**

_____

**12. Què no sabia en Simó dels insectes que havia portat?**

_____

**13. Què feia en Simó per caçar els grills?**

_____

**14. En Simó, on va deixar els grills quan no els va poder deixar al terrari?**

_____

**15. Van poder ficar tots els grills al terrari?**

_____

**16. A la classe de Socials, per què cada vegada estava més enfadat el professor?**

_____

## Vocabulari

**Llegeix les paraules del requadre i, si no en coneixes el significat, busca'l en el diccionari.** ◆

> poeta, terrari, recipient, bajanades, capturar, encoratjar,
> pesarós,  malabaristes, pega dolça

**Ara, omple els buits de les frases següents amb les paraules del requadre.**

- Van aconseguir _____ tots els grills i els van poder ficar al _____ de la classe.

- Els nens es petaven de riure en sentir les _____ que deia en Simó.

- Els grills _____ d'en Simó saltaven d'un cantó a l'altre de la caixa.

- El _____ on posaven els insectes era massa petit.

- En Simó s'ho passava molt bé llepant la barreta de _____.

- En veure el meu amic afligit i _____ el vaig _____ a tornar-se a presentar a l'examen.

- Ahir vaig llegir una poesia d'un _____ molt conegut.

## Mira i recorda

**Observa atentament durant un minut el dibuix de la pàgina 47 del llibre de lectura. Després, indica amb una creu (x) si les afirmacions següents són veritables (V) o falses (F).** ◆

| | V | F |
|---|---|---|
| En el dibuix hi ha quatre persones. | | |
| Entre les persones hi ha un nen i una nena. | | |
| Un dels personatges porta ulleres. | | |
| La corbata que porta un dels personatges és de color verd. | | |
| Al nen només se li veu una mà. | | |
| Entre tots els personatges es poden veure quatre mans. | | |
| El nen té la boca molt oberta. | | |
| Al fons del dibuix hi ha una branca amb dos ocells. | | |
| En el dibuix també hi ha una planta amb fulles. | | |
| La nena porta dues trenes amb un llaç. | | |

## Sèrie de paraules

La paraula que encapçala cada sèrie està repetida diverses vegades. Indica, tan ràpid com puguis, quantes vegades es repeteix. ◆

**passar**

> passen, reunir, passar, parlar, acabar, passar, senyor, senyal, avisar, passar, compte, escolar, passar, passeu, pescar, passar, passin, trucar, passar, portar, passar, pescar, portes.

**nostra**

> mestra, nostra, escola, tardes, nostra, nostres, ordena, ordre, treure, veuria, nostra, mestra, veureu, nostra, tancar, tanoca, puntes, aturar, nostra, camina, estar, nostra, estira, estava.

**animal**

> animal, volíem, moltes, menjar, animal, mengeu, menys, munts, animal, mestre, afirma, animal, moment, mirar, gratem, sortim, animal, enciam, animal, músics, animes.

**repetir**

> petites, aliment, repetir, terrari, portava, petites, repetir, després, passats, saltava, repetir, insecte, repetir, pastar, atendre, respons, repetir, vegades, indicar, aquesta, petits.

**indicar**

> indicis, idiomes, indicar, cridava, insecte, indicar, incitar, diaris, dedicar, indicar, sortien, indicar, silenci, indicat, animals, indicar, indicat, indicar, sentien, intents, intenta.

**enfadat**

> esforça, enfades, jugaven, enfadat, després, barreta, variar, enfonsa, plàstic, galetes, enfadat, corrent, enfadat, enfonsa, desfeta, enfadat, factura, agafats, enfadat, desfeta, defensa.

En dues sèries hi ha una lletra que es repeteix en totes les paraules. Quines paraules encapçalen aquestes dues sèries? _____

## Posa ordre

**Ordena les paraules de les frases següents.** ◆

**1.** a classe portar va Dintre sis insectes. llumins de capsa d'una

_____

**2.** va preguntar en professor El lliçó de socials. la a Simó

_____

# Percepció de les lletres

**Llegeix el text següent fixant la vista en la part superior de les paraules.** ◆

El senyor Ambròs, amb l'ajuda dels alumnes, va construir el terrari i aviat hi van tenir molts animals per observar.

Cada tarda, a la sortida de l'escola, els nois caçaven insectes i els portaven al senyor Ambròs. També en Simó va voler contribuir a ampliar la col·lecció. Dintre d'una capsa de llumins va portar a classe sis insectes molt petits. Després d'observar-los atentament, ningú no va saber com es deien, ni què menjaven, ni com vivien. El senyor Ambròs estava molt enfeinat aquells dies, i no va tenir temps de classificar els animals que en Simó havia portat.

Ja havia passat gairebé una setmana i les bestioles que havien sobreviscut passejaven i saltaven entre les pedres del fons de la caixa. En Simó, tot i que s'hi esforçava, no aconseguia veure els seus insectes. La veritat és que eren tan menuts que era impossible de veure'ls.

# Veritat o mentida

**Indica amb una creu (X) si les afirmacions següents són veritables (V) o falses (F).** ◆

|  | V | F |
|---|---|---|
| **1.** Els nois, en sortir de l'escola, se n'anaven a caçar insectes. |  |  |
| **2.** El senyor Ambròs no volia que li portessin els insectes que caçaven. |  |  |
| **3.** En Simó va voler ajudar a ampliar la col·lecció d'insectes. |  |  |
| **4.** En Simó va portar una capsa plena d'insectes per al terrari. |  |  |
| **5.** Després d'observar-los molt, van saber com es deien aquells insectes. |  |  |
| **6.** No van poder saber què menjaven ni com vivien. |  |  |
| **7.** El senyor Ambròs no va tenir temps de classificar els insectes. |  |  |
| **8.** Havien mort part de les bestioles que havien portat per al terrari. |  |  |
| **9.** En Simó, al final, va aconseguir veure els insectes que havia portat. |  |  |
| **10.** Els insectes d'en Simó eren menuts, però es podien veure amb facilitat. |  |  |

## Buscar paraules

Busca en la pàgina 44 del llibre de lectura set paraules de més de quatre lletres que portin les lletres següents: *b, v, ll.* ◆

| b | v | ll |
|---|---|---|
| | | |
| | | |
| | | |
| | | |
| | | |
| | | |
| | | |

## Rellotge de les paraules

A partir de la paraula proposada, escriu-ne una altra que comenci amb la síl·laba amb què acaba l'anterior. ◆

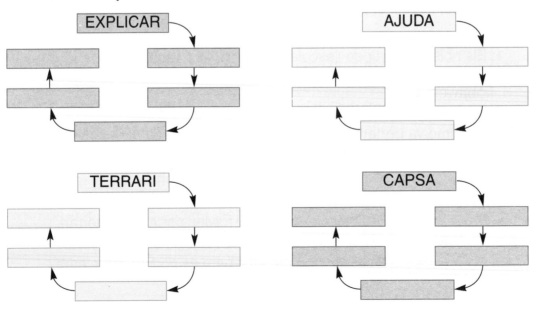

EXPLICAR

AJUDA

TERRARI

CAPSA

## Atenció i bona vista

En cadascuna d'aquestes dues graelles, totes les paraules estan repetides, menys tres. Escriu-les en les caselles buides. ◆

| observar | veure | voler | enviar | aviat | veritat |
|---|---|---|---|---|---|
| comprovar | passava | haver | vegades | tornava | viure |
| veritat | vegades | observar | escrivint | entrava | vermella |
| vermella | escrivint | passava | veure | haver | voler |
| viure | entrava | aviat | _____ | _____ | _____ |

| barreta | bacallà | bajanades | acabar | saber | semblar |
|---|---|---|---|---|---|
| borrall | gairebé | dibuixar | trobar | obrir | bestioles |
| acabar | contribuir | barreta | obrir | impossible | Ambròs |
| contribuir | trobar | gairebé | borrall | Ambròs | bajanades |
| impossible | bestioles | saber | _____ | _____ | _____ |

Quina particularitat tenen les paraules de la primera graella? I les de la segona?

## Lectura en veu alta

A mesura que vagis llegint el text vés canviant el nombre per la paraula corresponent del requadre. Intenta no trencar el ritme de lectura. Després, llegeix el text en veu alta. ◆

1. paraules
2. capsa
3. trobava
4. colador
5. Simó
6. classificar
7. acostava
8. grills
9. terrari
10. l'escola
11. 100

En ___ va aprendre un truc per caçar ___. A la nit, sortia de casa amb una ___, un colador, un enciam i una llanterna. Quan en sentia cantar un, s'hi ___ silenciosament amb la llanterna i deia unes ___ màgiques: «Salta! Salta!», i el grill saltava al ___, i del colador anava a parar a la ___.

Com que dins de la ___ hi havia l'enciam, el grill s'hi ___ bé. En una sola nit podia capturar-ne més de ___.

En ___ tenia centenars de ___. Tenia grills musicals, ___ poetes, ___ malabaristes, i molts d'altres, que no havia pogut ___ per manca de temps.

Un dia, en ___ va portar a ___ un pot ple d'aquests animalons per al ___ [...].

## Comprensió de la lectura

1. **De què era ple el pati?**

   a) Era totalment ple de nens.
   b) Era ben ple de clots.
   c) Era ple de flors.

2. **Què va passar en enfonsar-se el clot?**

   a) Que es va descobrir un pou ample i fondo.
   b) Que va sortir un forat negre i profund.
   c) Que li va caure dins la cartera d'en Simó.

3. **En Simó es va abocar al forat i hi va ficar...**

   a) la mà fins a tocar el fons.
   b) la mà sense tocar el fons.
   c) tot el braç.

4. **En Simó va voler dissimular el forat...**

   a) amb les branques d'un arbre.
   b) amb la seva jaqueta.
   c) amb la seva carpeta.

5. **El senyor Ambròs solia sortir...**

   a) a comprar l'esmorzar.
   b) a passejar pel carrer cada tarda.
   c) cada tarda a passejar pel pati.

6. **El senyor Ambròs, mentre passejava, va veure al terra...**

   a) la carpeta d'en Simó.
   b) la jaqueta d'en Simó.
   c) un munt de papers.

7. **El mestre els havia dit moltes vegades...**

   a) que a classe no era lloc per jugar.
   b) que no deixessin els llibres per terra.
   c) que no deixessin els llibres a les finestres.

8. **El senyor Ambròs, en no veure ningú, ...**

   a) va saltar amb ganes damunt la carpeta.
   b) va saltar sobre la jaqueta.
   c) es va posar a jugar a bales.

9. **Sota la pluja, en Simó caminava de pressa...**

   a) cap a casa seva.
   b) en direcció a l'escola.
   c) per no fer tard al cinema.

10. **En Simó, amb el gat en braços,...**

    a) es va aixoplugar en un portal.
    b) se'n va anar a casa seva.
    c) va continuar caminant sota la pluja.

11. **En Simó es va adonar que aquell gat...**

    a) feia molts dies que no menjava.
    b) no tenia una casa on anar.
    c) era molt pacífic.

12. **En arribar a l'escola, què va fer en Simó?**

    a) Va deixar el gat a la porta.
    b) Va tapar el gat amb precaució.
    c) Va ficar el gat a la cartera.

13. **Què va ajudar a estar quiet el gat?**

    a) La calentor i el tiberi que havia fet.
    b) El silenci que regnava a la classe.
    c) El fet de trobar-s'hi molt bé.

14. **En sentir un mèu, el senyor Ambròs va creure...**

    a) que algú volia fer-se el simpàtic.
    b) que algú havia portat un gat.
    c) que en Simó tenia ganes de jugar.

15. **Per què en Simó va fer el seu mèu?**

    a) Perquè el gat tingués temps de fugir.
    b) Per veure si el gat li contestava.
    c) Perquè el gat no fos descobert.

16. **Amb el terrabastall, el gat, molt espantat,...**

    a) va sortir de la caputxa de l'anorac.
    b) va sortir del calaix de la taula.
    c) es va amagar sota l'armari.

17. **El gat, en sentir la veu greu del senyor Bru,...**

    a) va sortir corrent de la classe.
    b) va saltar a l'espatlla del senyor Ambròs.
    c) va saltar per la finestra.

18. **En tornar-se a espantar, el gat, d'un altre bot,...**

    a) va saltar al cap del senyor Bru.
    b) va saltar damunt de l'armari.
    c) va saltar per la finestra.

19. **Què es va endur el gat entre les urpes?**

    a) Un mitjó.
    b) La perruca del director.
    c) La perruca del professor de matemàtiques.

20. **En tornar a classe, el primer que va fer en Simó va ser...**

    a) demanar perdó al senyor Ambròs.
    b) tornar la perruca al senyor Bru.
    c) asseure's en silenci a la seva cadira.

## Vocabulari

Llegeix les paraules del requadre i, si no en coneixes el significat, busca'l en el diccionari.
Després, inventa't frases amb aquestes paraules. ◆

> clot, profund, abocar-se, adient, xop, manyac, aixoplugar-se,
> arronsar, miolar, terrabastall, manyoc, calba

Ara, escriu una frase amb aquestes paraules:

adient: _____

aixoplugar-se: _____

arronsar: _____

## Per llegir millor

Fes el recorregut de cada columna fixant la vista en la línia central.
Has de llegir cada paraula o expressió d'un sol cop d'ull. ◆

| | | |
|---|---|---|
| mans | forat | peus |
| forats | fregar | jugar |
| renyar | més bé | veure |
| de cop | manyac | passar |
| excavar | carpeta | profund |
| de sobte | més fort | d'un bot |
| profunds | fer el gat | enfonsar |
| aturar-se | observar | una mica |
| fer un clot | preguntar | va pensar |
| dissimular | de pressa | molts dies |
| comprovar | paraigües | l'agafarem |
| cosa adient | dissimular | amb el cap |
| tota la tarda | un entrepà | es va ajupir |
| no es mogui | no esborris | segurament |
| fora de casa | tocar el fons | botes d'aigua |
| havia agafat | ho fa molt bé | s'hi va abocar |
| matemàtiques | observacions | de tant en tant |
| molt de pressa | aixoplugar-se | es van arronsar |
| hi va ficar la mà | s'hi va asseure | què hi fas aquí? |

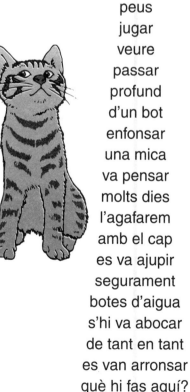

## Bona memòria

**De les setze paraules o expressions que hi ha a continuació, n'hi ha nou que han sortit en les tres columnes de la pàgina anterior. Subratlla-les.** ◆

| | | | |
|---|---|---|---|
| fora de casa | posar en marxa | botes d'aigua | fantàstic |
| l'autocar | observacions | responsable | aixoplugar-se |
| fer un clot | d'amagat | dissimular | l'hora de dinar |
| manyac | de sobte | he de tornar | amb el cap |

## Camp visual

**Llegeix aquest text individualment fent quatre fixacions per línia.** ◆

Aquell dia,
en Simó s'havia
entretingut
a fer un clot

per jugar,
però va excavar
tant que el clot
es va enfonsar

i hi va quedar
un profund
forat negre.
En Simó s'hi va

abocar i hi va
ficar la mà,
però no arribava
a tocar el fons,

de manera que hi va
llançar una pedra
i va observar
amb sorpresa

que trigava uns
quants segons
a arribar al fons.
Espantat,

el va voler tapar;
però, com que
en aquell moment
no tenia res a mà,

el va dissimular
amb la carpeta,
perquè ningú
no el veiés,

i se'n va anar a
buscar branques
o alguna
cosa adient.

# Formar paraules

En cada requadre hi ha tres paraules de tres síl·labes. Totes les paraules comencen per la síl·laba de l'esquerra, però les altres síl·labes estan desordenades. Escriu les tres paraules de cada requadre. ◆

| A | LEN | RAC |
|---|-----|-----|
| SI | NI | CI |
| A | NO | MAL |

| CAR | RE | XA |
|-----|-----|-----|
| CA | PE | TA |
| DAR | PUT | RE |

| PAS | GO | SE |
|-----|-----|-----|
| BI | TIS | MAR |
| EX | JAR | CLA |

_____

_____

_____

| FAN | VAR | TAS |
|-----|-----|-----|
| COM | MA | FES |
| PRO | SOR | PRO |

| EN | RE | FI |
|----|-----|-----|
| AS | RAR | SEU |
| ES | LAR | BOR |

| AI | GAN | RU |
|----|-----|-----|
| PER | XE | XAR |
| EN | CAR | CA |

_____

_____

_____

# Completar frases

Aparella un element de la primera columna amb un de la segona i forma frases. Escriu en les caselles buides el nombre corresponent. ◆

| | | |
|---|---|---|
| 1 | En Simó s'havia entretingut | comprovar que no hi havia ningú. |
| 2 | El senyor Ambròs solia sortir | va tapar amb cura el gat. |
| 3 | Va mirar a banda i banda per | M'ha estripat la jaqueta nova. |
| 4 | Plovia, i la gent corria sota | a fer un clot per jugar. |
| 5 | —I per la fila que fas, deu fer | els seus paraigües amunt i avall. |
| 6 | Quan va arribar a l'escola, en Simó | a passejar al pati cada tarda. |
| 7 | Tota la classe va deixar anar | comentari sobre el que havia passat. |
| 8 | Aleshores va aparèixer la senyora | molts dies que no menges. |
| 9 | —És un tros de la meva jaqueta. | una riallada irresistible. |
| 10 | El senyor Ambròs no va fer cap | Clotilde, alarmada pels crits. |

## Textos diferents

**Aquests dos textos diuen el mateix, però el text de sota té algunes paraules canviades. Subratlla-les.** ◆

> Alarmats per la cridòria, hi van anar arribant tots els altres membres del claustre de professors, i el gat va continuar espantant-se cada vegada, fins que en un dels salts va aterrar a la calba del director, va relliscar en aquella bola de billar, va caure a terra i va sortir per la porta veloç com un llamp i amb la perruca del senyor Bru enganxada a les urpes. [...]
> El Senyor Ambròs no va fer cap comentari sobre el que havia passat. Es va limitar a donar a en Simó un quadern molt gruixut amb comptes de multiplicar [...].

> Alarmats pels forts crits, hi va anar arribant la totalitat de membres del claustre de professors, i l'animal va seguir espantant-se contínuament, fins que en un dels bots caigué a la calba del director, va patinar en aquella bola de billar, va caure a terra i sortí vers la porta ràpid com un llamp i amb la perruca d'un dels professors enganxada a les urpes.
> El senyor Ambròs no va donar una explicació sobre el que havia passat. Es va limitar a entregar a en Simó un quadern molt gruixut amb operacions de multiplicar.

## Encadenat

**Escriu les paraules de la columna en les caselles corresponents.** ◆

entretinguts
distreure
professor
repetir
observar
dentadura
respondre
arribar
cartera
branques
escalforeta
agafava
carpetes
abocar
sotacopa

## Comprensió oberta

**Contesta les preguntes següents. ◆**

**1.** Per què els nens feien clots al pati de l'escola?

_____

**2.** El senyor Ambròs, què solia fer cada tarda?

_____

**3.** Què vol dir que va menjar amb gana de set setmanes?

_____

**4.** Què feia el senyor Ambròs quan volia sentir-hi bé?

_____

**5.** Què va fer en Simó perquè el senyor Ambròs no descobrís el gat?

_____

**6.** Quan va sortir el gat de la caputxa de l'anorac?

_____

## Lectura en veu alt

**Llegeix el text següent en veu alta. A mesura que vagis llegint, vés substituint cada gatet per la paraula que hi ha al començament de cada línia. Intenta no trencar el ritme de la lectura. ◆**

| | |
|---|---|
| **corria** | Plovia, i la gent  sota els seus paraigües amunt i |
| **caputxa** | avall. En Simó, protegit també per la  i calçat amb |
| **pressa** | botes d'aigua, caminava de  en direcció a l'escola. |
| **davant** | De sobte, alguna cosa li va passar pel  dels peus i |
| **ajupir** | l'obligà a aturar-se. Es va  i va veure un gat, amb |
| **ànec** | la pell i l'os i més xop que un , que, amb la cua |
| **cames** | dreta, se li arrapava a les . |
| **temps** | —Però... Què hi fas aquí, amb aquest ? –va |
| **l'animal** | preguntar en Simó a . |
| **l'única** | Un «mèu» va ser  resposta del gat, que es va |
| **fregar** | estirar per , dòcilment, la mà d'en Simó amb el cap. |

## Comprensió lectora

En el requadre tens totes les paraules que necessites per omplir aquest esquema, que fa referència al capítol 10 del llibre. ◆

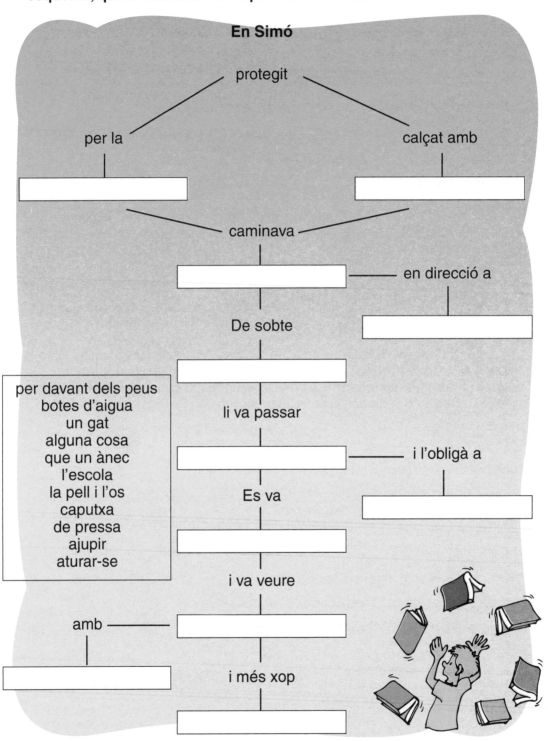

**En Simó**

protegit

per la                    calçat amb

[ ]                    [ ]

caminava

[ ]        en direcció a

De sobte        [ ]

[ ]

li va passar

per davant dels peus
botes d'aigua
un gat
alguna cosa
que un ànec
l'escola
la pell i l'os
caputxa
de pressa
ajupir
aturar-se

[ ]        i l'obligà a

Es va        [ ]

[ ]

i va veure

amb        [ ]

[ ]        i més xop

[ ]

## *Comprensió de la lectura*

**1. Quin era l'únic dia que en Simó no arribava tard?**

a) El dia que anaven d'excursió.
b) El dia que feien un partit de futbol.
c) El dia de fer manualitats.

**2. El treball d'aquella tarda consistia a fer...**

a) un mosaic amb boles de paper de seda.
b) un mosaic amb papers del mateix color.
c) una figura de paper.

**3. El mestre, després de seure, què explicà?**

a) Quins nens i nenes havien de fer aquell treball.
b) Com havien de fer el treball.
c) Per què feien aquell treball.

**4. El senyor Ambròs, sense moure's, es va entretenir...**

a) llegint un llibre molt gros.
b) corregint els deures dels nens.
c) passejant per entre les taules dels nens.

**5. El mestre, amb gran esforç, va intentar...**

a) seure en una altra cadira.
b) aixecar-se de la cadira.
c) demanar una altra cadira.

**6. El mestre va sortir de darrere la taula...**

a) amb els pantalons plens de pintura.
b) amb la cadira enganxada al cos.
c) amb la mà aguantant la cadira.

**7. Per què en Simó va caure a terra?**

a) Perquè la Laura li donà una empenta.
b) Perquè va ensopegar amb una pedra.
c) Perquè rebé un cop de pilota a la panxa.

**8. El senyor Ambròs aviat es va adonar...**

a) que en Simó feia comèdia.
b) que en Simó no havia anat a classe.
c) que era l'hora del pati.

**9. En què estaven conforme els alumnes?**

a) A repartir-se els objectes d'en Simó.
b) A deixar tot sol en Simó a la classe.
c) A no repartir-se les coses d'en Simó.

**10. Com va celebrar la classe que en Simó encara fos viu?**

a) Amb una gran festa.
b) Amb una forta abraçada.
c) Amb un fort aplaudiment.

**Indica (X) si les expressions següents són vertaderes (V) o falses (F).**

| | V | F |
|---|---|---|
| **1.** En Simó arribava tard a classe molt sovint. | | |
| **2.** Aquella tarda havien d'omplir una bossa amb boletes de paper. | | |
| **3.** Aquell dia va arribar a classe abans que el mestre. | | |
| **4.** En Simó es va entretenir pintant moltes coses a la pissarra. | | |
| **5.** La goma d'enganxar la tenia un dels companys de classe. | | |
| **6.** En Simó va demanar a la Laura que li deixés la goma d'enganxar. | | |
| **7.** Al senyor Ambròs li va costar molt poder aixecar-se. | | |
| **8.** A en Simó li van donar un cop de pilota a la panxa mentre anava a casa. | | |
| **9.** El senyor Ambròs no s'adonava que en Simó estava dissimulant. | | |
| **10.** Tota la classe va celebrar que en Simó no fos mort. | | |

# Vocabulari

**Escriu les paraules del requadre davant de la definició corresponent.** ◆

replà, mosaic, impuls, rodolar, estaquirot, agreujar, endreçar, desllorigar

_____ Rodar cap avall fent voltes.

_____ Persona inútil, que fa nosa.

_____ En una escala, plataforma que hi ha davant les portes dels pisos.

_____ Sortir de lloc un os, dislocar, desencaixar.

_____ Empitjorar. Injuriar, ofendre.

_____ Ordenar, arranjar, disposar.

_____ Empenta, cop. Ànim, coratge.

_____ Decoració o quadre fet amb trossets de pedra o altres matèries.

# Omplir els buits

**Omple els buits de les frases següents amb una de les paraules del requadre.** ◆

Van recollir pedretes per fer un _____ a la paret del pati.

El mestre, abans de sortir de classe, els va fer _____ totes les coses.

No et quedis aquí plantat com un tronc i deixa de fer l' _____.

Baixant l'escala, va caure i es va _____ el colze.

El seu estat de salut es va _____ molt.

Portava un _____ tan fort que no va poder aturar-se.

Caminava a les fosques i en caure va _____ escales avall.

Va trobar el seu germà assegut al _____ de l'escala.

## Per llegir millor

**Enumera les línies de la pàgina 66 del llibre de lectura. Després, llegeix la pàgina i fes les activitats següents.** ◆

**1. En quina línia trobes...**

a) ...les paraules següents?

company _____

celebrar _____

llapis _____

repartirem _____

lentament _____

b) ...les expressions següents?

serà molt difícil _____

va dir un altre _____

no fos mort _____

tots els nens _____

els seus objectes _____

c) ...la resposta a les preguntes següents?

Què va dir l'Emili? _____

Què escoltava en Simó amb entusiasme? _____

Què va celebrar tota la classe? _____

Què no va agradar gens a en Simó? _____

Què es volia quedar la Laura? _____

**2. Busca quantes vegades es repeteixen les paraules següents:**

Simó _____ ; molt _____ ; seus _____ ; dir _____

## Habilitat visual

**Fixa't bé en la graella següent i respon amb rapidesa les preguntes que hi ha sota.** ◆

| enganxar | passar | començar | mosaic | aixecar | treballs | recollir | darrere |
|---|---|---|---|---|---|---|---|
| adoptar | salvatges | explicar | preguntar | subjectar | braços | gruixut | agreujar |
| exemple | arrencar | classe | situació | enganxar | mosaic | pissarra | aixecar |
| problema | gruixut | comprovar | empènyer | arribar | possible | exemple | comptar |
| rodolar | observar | ossos | mosaic | preocupat | explicar | córrer | comèdia |

a) Quines paraules hi són dues vegades?

_____

b) Quina paraula hi és tres vegades? _____

c) Hi ha una paraula que té cinc síl·labes. Quina és? _____

d) Quines paraules tenen aquestes lletres?

*ss:* _____

*rr:* _____

## Ho recordes

**Indica si les frases següents són vertaderes (V) o falses (F).** ◆

1. A en Simó, a l'escola, li agradava fer els treballs manuals. _____
2. En Simó no tenia els papers de colors per al treball manual. _____
3. El professor va explicar com havien de fer el treball. _____
4. En Simó sabia molt bé on era el tub de goma d'enganxar. _____
5. El professor es passejava mentre feien el treball. _____
6. El professor va estar tranquil fins a l'hora de sortir. _____
7. El que ho va passar pitjor de tots fou el senyor Ambròs. _____
8. El professor va sortir fàcilment per la porta de la classe. _____
9. El senyor Ambròs va baixar l'escala amb tranquil·litat. _____
10. El senyor Ambròs va citar en Simó per al dia següent. _____

## Paraules bessones

**En les tres columnes hi ha les mateixes paraules però en diferent ordre. Indica quina posició ocupen les paraules de la columna A en les altres dues columnes.** ◆

| A | B | C | A | B | C |
|---|---|---|---|---|---|
| 1. agradar | 1. treballar | 1. enganyar | 1. | | |
| 2. arribar | 2. començar | 2. explicar | 2. | | |
| 3. treballar | 3. recollir | 3. consistir | 3. | | |
| 4. comprar | 4. arribar | 4. divertir | 4. | | |
| 5. consistir | 5. divertir | 5. travessar | 5. | | |
| 6. enganyar | 6. enganxar | 6. treballar | 6. | | |
| 7. començar | 7. agradar | 7. rodolar | 7. | | |
| 8. explicar | 8. travessar | 8. veure | 8. | | |
| 9. veure | 9. consistir | 9. recollir | 9. | | |
| 10. recollir | 10. examinar | 10. arribar | 10. | | |
| 11. enganxar | 11. comprar | 11. començar | 11. | | |
| 12. divertir | 12. explicar | 12. enganxar | 12. | | |
| 13. examinar | 13. rodolar | 13. agradar | 13. | | |
| 14. travessar | 14. enganyar | 14. examinar | 14. | | |
| 15. rodolar | 15. veure | 15. comprar | 15. | | |

## Paraules repetides

**En les columnes següents hi ha unes quantes paraules repetides. Busca, tan ràpid com puguis, quines són i quantes vegades es repeteixen.** ◆

| | | |
|---|---|---|
| treballs | solució | companys |
| veure | intentar | llibretes |
| gruixut | estaquirot | d'acord |
| mosaic | salvatge | comèdia |
| boletes | cadires | divertir |
| papers | possible | problema |
| enganxar | solució | companys |
| estaquirot | divertir | semblar |
| arribar | darrere | assajar |
| mosaic | trobar | d'acord |
| venir | braços | comèdia |
| passar | cadires | companys |
| gruixut | solució | dissimular |
| darrere | passava | travessar |
| mosaic | solució | estaquirot |
| gruixut | ossos | servir |
| classe | vegada | comèdia |
| distreure | solució | llibres |
| mosaic | cadires | pissarra |
| papers | darrere | companys |

**Hi ha una paraula que és en les tres columnes. Quina és?** _____

## Bona vista

**Completa la graella amb el nombre de paraules corresponent.** ◆

| Nombre de paraules... | 1a columna | 2a columna | 3a columna |
|---|---|---|---|
| que són verbs | | | |
| que porten una **b** | | | |
| que porten una **v** | | | |
| que porten **ss** | | | |

## Completar paraules

**Completa les paraules amb les lletres que hi falten.** ◆

EN __ AN __ AR

MA __ UAL __ TA __ S

PR __ CI __ AM __ NT

CO __ SI __ T __ R

EN __ RE __ EN __ R

CO __ EN __ AR

DE __ EN __ AN __ AR

E __ TA __ UI __ OT

S __ LV __ TG __ S

OB __ EC __ ES

P __ EO __ UP __ T

AC __ MP __ NY __ TS

D __ SS __ MU __ AR

CO __ PO __ TA __ ENT

E __ TU __ IA __ ME

PE __ SO __ ES

RE __ AR __ IM __ NT

IN __ EN __ AR

## Ordenar la frase

**Ordena les paraules de cada pergamí i forma una frase.** ◆

consistia El treball a fer mosaic un paper. amb de boletes

En Simó ajudar impossible. intentar va mestre, el ser va però

trobat Em sembla el teu he que tub d'enganxar. goma de

Ambròs adonar senyor El va es comèdia. aviat Simó que en feia

1. _____

2. _____

3. _____

4. _____

## Sinònims i antònims

**Busca el sinònim i l'antònim de les paraules en negreta. Escriu en les caselles buides el nombre corresponent.** ◆

| | SINÒNIMS | | PARAULES | | ANTÒNIMS |
|---|---|---|---|---|---|
| | iniciar | 1 | **enganxar** | | factible |
| | goig | 2 | **comprar** | | alliberar |
| | ordenar | 3 | **començar** | | vendre |
| | animació | 4 | **tranquil** | | avorrit |
| 1 | empegar | 5 | **endreçar** | | tristesa |
| | amagar | 6 | **alegria** | | apatia |
| | amè | 7 | **impossible** | | inquiet |
| | adquirir | 8 | **divertit** | 1 | desencolar |
| | empitjorar | 9 | **subjectar** | | desordenar |
| | reposat | 10 | **agreujar** | | finalitzar |
| | aguantar | 11 | **dissimular** | | millorar |
| | irrealitzable | 12 | **entusiasme** | | mostrar |

## Lectura en veu alta

**Llegeix aquest fragment seguint l'ordre de la numeració sense trencar el ritme de la lectura. És important que hi donis l'entonació adequada.** ◆

1. Alguna cosa li devia passar en aquell moment
4. Amb un gran esforç va intentar aixecar-se
2. al senyor Ambròs perquè va dir:
8. —Em sembla que he trobat el teu tub de goma d'enganxar.
3. —Vatua l'olla –i va callar.
5. de la cadira, però la cadira no es desenganxava...
7. —Què li passa?
9. —On? –va preguntar en Simó amb alegria.
6. —Simó! —va cridar el mestre—. Vine aquí de seguida!
12. Encara sort que se n'ha adonat!
10. —Aquí, entre els meus pantalons i la cadira —va cridar...
13. —I tant que me n'he adonat!
11. Ho sento —es va disculpar en Simó—.

## Comprensió de la lectura

**1. En acostar-se Nadal, el senyor Ambròs...**

a) va fer un concurs de nadales.
b) va preparar un examen.
c) va escriure una obra de teatre.

**2. Va pensar que l'obra de teatre...**

a) havia de tenir pocs actors.
b) l'havia de poder entendre tothom.
c) havia de tenir molts personatges.

**3. Va decidir que en Simó fes de narrador...**

a) per no perdre'l de vista.
b) perquè així estigués més tranquil.
c) perquè estigués més ocupat.

**4. El senyor Ambròs, a l'obra, hi faria...**

a) de narrador.
b) d'apuntador.
c) de director.

**5. Cada tarda dedicaven una estona...**

a) a assajar cadascú el seu paper.
b) a assajar els balls de conjunt.
c) a entretenir-se amb jocs de taula.

**6. Com van anar els assajos?**

a) Van anar molt bé.
b) En Simó sempre canviava les paraules de l'apuntador.
c) Alguns actors arribaven tard.

**7. El primer dia, al moment de començar...**

a) el senyor Ambròs semblava estar nerviós.
b) el professor encara no havia arribat.
c) el senyor Ambròs donava ordres a tothom.

**8. Quan el pastor digués «Mireu l'estel»,...**

a) en Simó havia d'encendre un llum.
b) en Simó havia de despenjar-lo.
c) tothom havia de mirar la llum.

**9. On era l'estel?**

a) Estava lligat en una biga.
b) Estava amagat rere una cortina.
c) Estava penjat al sostre.

**10. El dia de la funció en Simó va aparèixer...**

a) vestit de narrador.
b) vestit de pastor.
c) vestit de carrer.

**11. Per què no feia de narrador en Simó?**

a) Perquè sempre arribava tard.
b) Perquè el mestre li havia dit que no servia per a això.
c) Perquè a en Simó no li agradava gens.

**12. En Simó pensava que el mestre a última hora.**

a) li diria que fes de pastor.
b) li deixaria fer el paper de narrador.
c) deixaria que participés en la funció.

**13. El senyor Ambròs, on va enviar en Simó?**

a) A seure entre el públic.
b) Al seu lloc de pastor.
c) A fer-se càrrec de la baixada de l'estel.

**14. La sala es va omplir d'aplaudiments...**

a) en veure en Simó sota l'estel.
b) en veure la caiguda de l'estel.
c) en el moment de caure el teló.

**15. Un dia, en Simó va tenir la mala sort...**

a) de trencar-se una cama.
b) de trencar-se un braç.
c) de caure en un bassal.

**16. En Simó va saltar la tàpia de l'hort...**

a) per collir unes quantes cireres.
b) per anar a rellevar l'espantall.
c) per anar a buscar una pilota.

**17. En un dels escrits del guix d'en Simó deia:**

a) «També es pot viure amb una sola cama.»
b) «Hi ha qui viu amb una sola cama.»
c) «També es pot viure sense cama ni braç.»

**18. On estava situada la classe d'en Simó?**

a) Al primer pis.
b) Al segon pis.
c) A la planta baixa.

**19. Per què els companys no ajudaven en Simó a pujar les escales?**

a) Perquè ja ho feia el porter de l'escola.
b) Perquè no els agradava gens fer-ho.
c) Perquè ho volia fer el professor.

**20. El senyor Ambròs va tornar a l'escola...**

a) amb una cama enguixada.
b) amb un braç enguixat.

## Per llegir millor

Fes el recorregut de cada columna fixant la vista en la línia central.
Has de llegir cada paraula o expressió d'un sol cop d'ull. ◆

| | A | | B | | C |
|---|---|---|---|---|---|
| 1 | molts | 1 | coses | 1 | noies |
| 2 | senyor | 2 | pensar | 2 | classe |
| 3 | aixecar | 3 | animats | 3 | és sord |
| 4 | preparar | 4 | carregar | 4 | camells |
| 5 | una festa | 5 | fer-ho bé | 5 | es pot fer |
| 6 | és a prop | 6 | no l'entenc | 6 | respondre |
| 7 | començar | 7 | posa't aquí | 7 | comencen |
| 8 | disfresses | 8 | apuntadors | 8 | trencar-se |
| 9 | els tres reis | 9 | representar | 9 | no el sento |
| 10 | era possible | 10 | fer-lo baixar | 10 | es pot viure |
| 11 | ens alegrem | 11 | no anava bé | 11 | dedicatòries |
| 12 | personatges | 12 | no ens fa mal | 12 | ja no fa tard |
| 13 | cop de puny | 13 | manifestaven | 13 | li van repetir |
| 14 | s'han acabat | 14 | veurem l'estel | 14 | desenganxar |
| 15 | passejadetes | 15 | la seva classe | 15 | entusiasmats |
| 16 | representació | 16 | amb una corda | 16 | l'estimava molt |
| 17 | obra de teatre | 17 | taula de quatre | 17 | ara et toca a tu |
| 18 | li cedien el lloc | 18 | precipitadament | 18 | uns quants dies |
| 19 | va caure el teló | 19 | hi va ensopegar | 19 | tingueu paciència |
| 20 | assajar el paper | 20 | feia d'apuntador | 20 | deixeu que ho faci |

Temps 1: _____    Temps 2: _____

## Bona vista i atenció

Busca, tan ràpid com puguis, el nombre i la columna de les paraules
o expressions següents. ◆

| | | | | | |
|---|---|---|---|---|---|
| cop de puny | _____ | representar | _____ | ara et toca a tu | _____ |
| es pot fer | _____ | hi va ensopegar | _____ | és a prop | _____ |
| apuntadors | _____ | una festa | _____ | fer-lo baixar | _____ |
| disfresses | _____ | ja no fa tard | _____ | respondre | _____ |

**Busca i escriu cinc verbs en infinitiu.**

_____

## Fes memòria

**D'aquestes vint paraules o expressions, n'hi ha dotze que han sortit en les columnes de la pàgina anterior. Subratlla-les.** ◆

| | | | |
|---|---|---|---|
| cop de puny | veurem l'estel | tots alhora | no el sento |
| sacsejar | molestar | ja no fa tard | hem de venir |
| aixecar | no l'entenc | respondre | no anava bé |
| amb poca força | carregar | era al costat | van entrar |
| ens alegrem | molt nerviosa | uns quants dies | personatges |

## Sèries de paraules

**Busca quantes vegades es repeteix la paraula que encapçala cada sèrie.** ◆

**teatres**

taulers, taulons, teatres, taverna, teatres, teatral, teclats, teules, teixits, teatres, teixons, telèfon, teatres, teleria, teatres, teulada, teletips, temors, teatres, terrassa, tenders, teatres, teixits, tecles.

**comença**

camines, comada, comença, camàlic, camell, comença, cambra, comptes, cambrer, cambril, comença, camins, cimes, comença, comare, combina, comença, comptes, comicis, comença, amics.

**inventar**

ideals, idearis, inventar, idèntics, idiomes, inventar, inversió, invocar, invertir, inventar, imitar, impacte, invents, inventar, invitats, inventes, inventar, idèntics, intent, instant, inventar.

**possible**

portador, passadís, possible, postura, posposar, possessió, potes, postular, postures, passador, possible, porcions, possessió, possible, ponència, possible, passades, passants.

**carregar**

carreres, carregós, carregar, carpetes, carnatge, carregar, carrasca, carregar, càrrecs, corretja, carregats, carruatge, carregar, carruatge, carretes, carrossa, carregar, carrotxa.

**continuar**

condició, condiment, continuar, contestar, conducta, conduir, contingut, contigu, contagi, continuar, continuïtat, contorsió, continuar, continuïtat, contrada, contents, continuar, contrari.

**En cada sèrie, a més de la paraula que l'encapçala, hi ha una paraula que hi és dues vegades. Escriu-les.**

_____

## Camp visual

**Llegeix el text seguint la ratlla i fent una fixació per línia. Quan hagis acabat, torna'l a llegir i comprovaràs que ho fas més ràpid.** ◆

Ja s'acostava
el Nadal i
el senyor Ambròs
va decidir
preparar una
representació
i va escriure
una petita
obra de teatre.
Va pensar que
havia de ser
una obra
amb molts
personatges,
que n'hi hagués,
si era possible,
una trentena,
perquè aquest

era el nombre
d'alumnes de
la seva classe.
D'aquesta manera,
tothom hi podria
participar.
Per tal de tenir
controlat en Simó
i no perdre'l
de vista,
va decidir
fer-li fer
de narrador.
Així no podria
inventar
alguna cosa que
posés en perill
la qualitat de l'obra.

Cada tarda
dedicaven
una estona
a assajar els
papers assignats
a cadascú.
Tocava
assajar a en Simó.
El senyor Ambròs
feia d'apuntador.
—Ara et toca a tu
—va dir
el mestre a en Simó—.
Posa't aquí
i repeteix
tan bé com puguis
el que jo digui.

## Ho recordes

**Indica si les afirmacions següents són vertaderes (V) o falses (F).** ◆

1. El senyor Ambròs volia fer una representació per Nadal. \_\_\_\_\_
2. El professor volia que hi sortís tota la classe. \_\_\_\_\_
3. Va ser el mateix professor qui va escriure l'obra. \_\_\_\_\_
4. Feien els assajos un dia a la setmana. \_\_\_\_\_
5. El senyor Ambròs procurava tenir controlat en Simó. \_\_\_\_\_
6. El senyor Ambròs feia de narrador. \_\_\_\_\_
7. La classe del Senyor Ambròs tenia uns trenta alumnes. \_\_\_\_\_
8. Els assajos els feien a matí, en sortir de classe. \_\_\_\_\_
9. El mestre va dir a en Simó que repetís el que ell li deia. \_\_\_\_\_
10. Al final, en Simó va haver de fer de pastor. \_\_\_\_\_

## Paraules semblants

**Marca amb una creu (x) les parelles de paraules que no són iguals.** ◆

| | | | |
|---|---|---|---|
| preparar | proposar | allargar | allargar |
| controlar | controlat | serveixes | serveixen |
| participar | participar | protestar | presentar |
| possible | possible | enfadats | enfadats |
| inventar | intentar | construir | construir |
| qualitat | quantitat | despenjar | despertar |
| cadascú | cadascú | escenari | escenari |
| començar | comentar | presentar | presentar |
| repetir | repartir | insistent | assistent |
| apuntador | apuntador | enganyar | reganyar |
| disfresses | dispenses | vacances | vacances |
| sospirar | respirar | missatges | miratges |
| camells | camells | manifestar | manifestar |
| carregar | carregar | expressió | repressió |
| dedicats | delicats | escriure | escriure |
| narrador | narrador | missatges | missatger |

## Paraules i lletres

**Subratlla les paraules que tinguin almenys tres de les lletres de la paraula _Simó_. Poden ser-hi en qualsevol ordre.** ◆

amic – molts – escola – sospirar – nerviós – camina – sortim – obliden – nois
minuts – escrit – miràveu – tramoista – situar – caiguem – minuts – enormes
mestres – deies – esglaó – finalment – omplir – feliços – amics – animar
companyies – compartir – fins – paciència – inferior – missatge – casualitat
mateix – seguidor – espavilar – primers

**Busca i escriu les paraules que tenen les quatre lletres de la paraula _Simó_.**

## Completar frases

**Omple el buit de cada frase amb una de les paraules que hi ha en el requadre de la dreta.** ◆

—Ara et _____ a tu —va dir el mestre a en Simó—.
—És que no el sento —es va _____ en Simó.
—Bé, em posaré més _____ i parlaré una mica més fort.
—Vinga... Repeteix: «Ja _____ els tres reis...»
—Si no poses _____, donaré el paper a un altre.
«Ja veig venir els camells _____ de bells presents...»
—Prou, prou! S'ha acabat! Tu no _____ per a això.
—Però si ja tinc fet el vestit –va _____ en Simó.
—Doncs te'l _____ per a una festa de disfresses.
Aquell dia, en Simó va _____ amb el vestit de narrador.
Pensava que el mestre se'n _____ a l'últim moment.
La representació anava bé, sense _____ .
Els pares, entusiasmats, _____ els seus fills.
—Mireu l'estel –va cridar més fort el _____ principal.
Ara, _____ uns dies feliços de vacances.

| |
|---|
| atenció |
| comparèixer |
| toca |
| serveixes |
| guardes |
| disculpar |
| penediria |
| a prop |
| aplaudien |
| vénen |
| carregats |
| començaven |
| pastor |
| entrebancs |
| protestar |

## Atenció i bona vista

**Totes les paraules de la primera graella, menys tres, estan repetides en la segona graella. Busca aquestes tres paraules i escriu-les en les caselles buides de la segona graella.** ◆

| decidir | escriure | participar | repetir | començar | assajar |
|---|---|---|---|---|---|
| aixecar | beure | veure | sentir | disculpar | posar |
| servir | poder | cridar | respondre | anar | venir |
| carrega | allargar | fer | protestar | parlar | sospirar |

| escriure | posar | parlar | assajar | beure | disculpar |
|---|---|---|---|---|---|
| respondre | protestar | repetir | poder | aixecar | començar |
| decidir | cridar | carrega | sentir | participar | sospirar |
| fer | venir | anar | _____ | _____ | _____ |

**49**

## Entonació

Llegeix la frase següent en veu alta i dóna-hi diferents entonacions segons els estats d'ànim indicats en el requadre. ◆

—No, no és que sigui sord; és que vostè parla així: bisss, bisss, bisss... I no l'entenc.

| Enfadat | Espantat | Alegre |
|---------|----------|--------|
| Molt divertit | | Trist |

## Sopa de lletres

Busca les paraules del requadre en la sopa de lletres. ◆

representació
aplaudiments
discretament
personatges
apuntadors
ordenar
condemnar
respondre
manifestaven
empitjorar
assenyalar
iniciava
parlament
començaven
atreure
estimular
camins
remeis
alumnes
important

| D | I | S | C | R | E | T | A | M | E | N | T | A | B |
|---|---|---|---|---|---|---|---|---|---|---|---|---|---|
| N | A | C | D | N | E | V | A | Ç | N | E | M | O | C |
| E | A | P | U | N | T | A | D | O | R | S | I | E | P |
| V | F | A | L | U | M | N | E | S | G | C | M | H | E |
| A | I | R | J | A | L | O | K | M | A | A | P | R | R |
| T | N | L | O | P | U | R | Q | T | R | V | O | A | S |
| S | R | A | N | M | E | D | N | O | C | A | R | L | O |
| E | S | M | R | E | M | E | I | S | T | I | T | A | N |
| F | U | E | V | X | S | N | I | M | A | C | A | Y | A |
| I | Y | N | Z | E | A | A | B | C | E | I | N | N | T |
| N | A | T | R | E | U | R | E | D | E | N | T | E | G |
| A | F | P | G | H | R | A | L | U | M | I | T | S | E |
| M | E | M | P | I | T | J | O | R | A | R | L | S | S |
| R | E | S | P | O | N | D | R | E | I | J | K | A | N |

## Comprensió de la lectura

1. **On estava situada la taula d'en Simó?**

   a) Davant la taula del professor.
   b) Sota una de les finestres.
   c) Al costat de la porta.

2. **L'insecte, després de sobrevolar el cap dels alumnes,...**

   a) va tornar a la rodalia d'en Simó.
   b) va sortir per la finestra.
   c) es va posar sobre una de les taules.

3. **En Simó es va enfilar en una taula...**

   a) i va caure a terra.
   b) per poder copejar la vespa.
   c) per fer fugir la vespa.

4. **El senyor Ambròs, en perdre l'equilibri,...**

   a) va caure sobre la taula.
   b) va quedar assegut a la cadira.
   c) va caure a terra.

5. **El mestre, després de tancar les finestres,...**

   a) va fer fora de classe en Simó.
   b) va enviar en Simó a una altra classe.
   c) va canviar de lloc en Simó.

6. **Després de treure les coses de la caixa, els alumnes...**

   a) van començar a fer l'experiment.
   b) van escoltar l'explicació de l'experiència.
   c) les van ordenar sobre la taula.

7. **Els alumnes, què havien d'observar?**

   a) El color dels líquids de les ampolles.
   b) El que feia el senyor Ambròs.
   c) Si amb la mescla s'alliberaven gasos.

8. **Què havien d'abocar primer?**

   a) El vinagre.
   b) L'aigua.
   c) El bicarbonat.

9. **Als nois, els va distreure...**

   a) una pudor que va envair el laboratori.
   b) el mestre de gimnàstica.
   c) el soroll del carrer.

10. **En tornar a entrar al laboratori...**

    a) no havia passat res.
    b) faltava una taula.
    c) no hi quedava res.

11. **Per a què va demanar permís en Simó?**

    _____

12. **On s'havia amagat la vespa?**

    _____

13. **Amb què van poder fer sortir la vespa?**

    _____

14. **Quin era el moment més important de l'experiment?**

    _____

15. **Què va passar quan la bombolla va tocar el cartell amb tota classe de peixos?**

    _____

16. **Què havia passat amb les ulleres del senyor Ambròs?**

    _____

# Vocabulari

**Busca en el diccionari el significat de les paraules que hi ha en el requadre i, després, omple els buits de les frases amb algunes d'aquestes paraules.** ◆

> copejar, envair, bombolla, flascó, renou, rodalia, bromera, bonior, desintegrar, regalimar, fètida, ingredients

Les abelles produeixen tal _____ que se senten  per la _____ dels eixams.

Vaig intentar _____ la mosca que no deixava de molestar-me.

Aquest sabó produeix molta _____ en rentar-me les mans.

El _____ era tan ple que _____ pel voltant.

Una pudor molt _____ va _____ de seguida tot el local.

Em falten alguns _____ per afegir al plat que estic preparant.

# Substantius, adjectius, verbs

**Omple els buits amb la paraula corresponent.** ◆

| SUBSTANTIUS | ADJECTIUS | VERBS |
|---|---|---|
| | necessari | |
| | | importar |
| cridòria | | |
| | | perillar |
| | treballador | |
| | | ocasionar |
| | explicatiu | |
| servei | | |
| | | veure |
| flotació | | |
| | | preocupar |
| | voladís | |

## Camp visual

**Llegeix aquest text individualment fent tres fixacions per línia.** ◆

A                          B                                C                              D
El senyor Ambròs        es va posar        la bata blanca        que reservava per a    1

aquelles ocasions.     Cada noi portava     en una caixa de cartó     els ingredients    2

necessaris per         a l'experiment:      un flascó                 amb vinagre,       3

dos gots de vidre,     una cullereta per    agitar la mescla          i una mica de      4

colorant de paella     per donar-hi color.  El laboratori era         ampli i assolellat. 5

Cada alumne            va seure davant      la seva taula,            va treure les      6

coses de la caixa i    el senyor Ambròs     va començar               a explicar         7

l'experiència.         Havien d'observar    que si es mescla          un àcid com        8

el vinagre             amb una quantitat    de bicarbonat             s'alliberen gasos. 9

## Bona vista

**Busca, tan ràpid com puguis, el nombre i la columna corresponents a aquestes paraules.** ◆

| | | |
|---|---|---|
| ocasions _____ | assolellat _____ | cullereta _____ |
| començar _____ | experiència _____ | bicarbonat _____ |
| laboratori _____ | reservava _____ | observar _____ |

Busca i escriu totes les paraules de dues i tres síl·labes que porten una *v*:

_____

Busca i escriu totes les paraules que porten una *x*:

_____

## Rellotge de les paraules

A partir de cada paraula proposada, escriu-ne una altra que comenci amb la síl·laba amb què acaba l'anterior. ◆

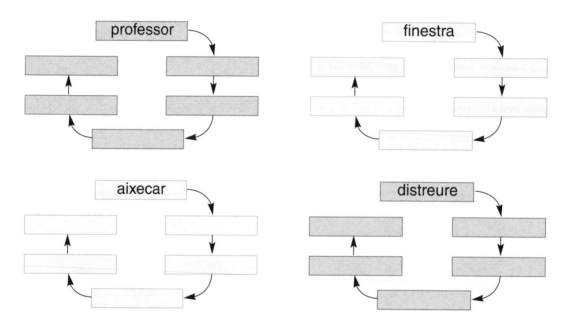

## Completar frases

Escriu en l'espai buit que hi ha davant de la segona part de cada frase el nombre corresponent a la primera. ◆

| 1 | Aquells dies els raigs del sol | | però sense moure escàndol. |
|---|---|---|---|
| 2 | La vespa va fer unes quantes | | havia entrat per la finestra. |
| 3 | —Feu-la sortir per la finestra, | | més important de l'experiment. |
| 4 | —Proveu de fer sortir | | voltes i va desaparèixer. |
| 5 | Era una vespa que | | va canviar de color. |
| 6 | Cada alumne va seure | 1 | escalfaven de valent. |
| 7 | —Atenció, aquest és el moment | | desaparegut sota la bromera verda. |
| 8 | El líquid del got d'en Simó | | aquest maleït insecte. |
| 9 | Les seves ulleres havien | | si arribeu a tocar-lo. |
| 10 | —Fixeu-vos què hauria passat | | davant la seva taula. |

## Percepció de les lletres

**Llegeix el text fixant la vista en la part superior de les paraules.** ◆

El senyor Ambròs va tornar a entrar al laboratori; però les seves ulleres havien desaparegut sota la bromera verda. S'havien desintegrat.

—Només em faltava això! Bé, sortim tots d'aquí.

El senyor Ambròs va empènyer els nois.

—Tanqueu la porta, no sigui cas que aquest líquid del dimoni destrueixi l'escola! Tots els nois van fugir d'allí ràpidament i molt espantats. Des de l'altre costat del pati van veure que per les finestres del laboratori sortien bombolles de color i una fumera verda. Al cap d'una hora els va semblar que tot havia acabat.

Quan van tornar a entrar al laboratori, no hi quedava res. No hi quedaven ni tan sols els llibres que havien deixat sota les taules mentre feien l'experiment.

## Ho has entès?

**Indica amb una creu (x) si les afirmacions sobre el text són vertaderes (V) o falses (F).** ◆

|  | V | F |
|---|---|---|
| 1. En entrar al laboratori, el senyor Ambròs portava les ulleres. |  |  |
| 2. Tots els nois van fugir perquè estaven espantats. |  |  |
| 3. El professor va dir que deixessin la porta oberta. |  |  |
| 4. Després d'unes quantes hores va semblar que tot havia acabat. |  |  |
| 5. En tornar a entrar no van trobar les ulleres enlloc. |  |  |
| 6. El professor va manar que sortissin tots del laboratori. |  |  |
| 7. Sota les taules van trobar alguns llibres sense cap dibuix. |  |  |
| 8. Miraven què passava al laboratori des del mig del pati. |  |  |
| 9. En tornar a entrar al laboratori es van trobar sense taules. |  |  |
| 10. Per les finestres del laboratori sortia una fumera de color verd. |  |  |

# Atenció i bona vista

Indica amb una creu (x) quines de les condicions indicades en la graella compleixen les vuit paraules de cada una de les columnes. ◆

| 1 | 2 | 3 | 4 | 5 | 6 | 7 | 8 | 9 |
|---|---|---|---|---|---|---|---|---|
| viure | entrar | veure | escalfar | bata | bonic | tàpia | sortir | distreure |
| cantar | saltar | caure | aixecar | caixa | morat | finestra | vestir | insistir |
| portar | cantar | seure | demanar | cartó | grossa | idea | venir | ajupir |
| veure | deixar | treure | enfilar | vespa | verda | sabates | seguir | canviar |
| ser | anar | viure | rondinar | vidre | valent | silenci | tenyir | estrènyer |
| venir | saltar | moure | protestar | taula | bona | insecte | tenir | entendre |
| fer | portar | coure | treballar | peixos | sorda | agulla | fugir | indicar |
| girar | mirar | riure | abaixar | colors | petit | vinagre | tenyir | expiar |

| COLUMNES | VERBS | VERBS | | | SÍL·LABES | | SUBSTANTIUS | ADJECTIUS |
|---|---|---|---|---|---|---|---|---|
| | | ar | re | ir | 2 | 3 | | |
| 1a | | | | | | | | |
| 2a | | | | | | | | |
| 3a | | | | | | | | |
| 4a | | | | | | | | |
| 5a | | | | | | | | |
| 6a | | | | | | | | |
| 7a | | | | | | | | |
| 8a | | | | | | | | |
| 9a | | | | | | | | |

# Paraules sobreres

En cada sèrie hi ha dues paraules que es diferencien en algun concepte de totes les altres. ◆

| | | | | |
|---|---|---|---|---|
| reservar | vinagre | insistir | advertir | cullera |
| començar | bombolla | deixades | bromera | caixes |
| vinagre | gasos | canviar | vinagre | afegir |
| distreure | vermells | veureu | servir | jocs |
| remenar | caixa | distreure | envoltar | forats |
| distreure | fètida | podeu | sabates | gotetes |
| sabates | gotes | passava | verdes | autocar |
| envoltar | ulleres | quedaven | vespes | protestar |

## Missatge secret

Canvia cada indicació del missatge per la lletra corresponent i et sortirà una frase que té relació amb el capítol. ◆

| E | | D |
|---|---|---|
| T | 1 | O |
| S | 2 | E |
| L | 3 | N |
| I | 4 | M |
| R | 5 | A |
| V | 6 | Q |
| O | 7 | P |
| U | 8 | |

$\overline{1E}$ $\overline{1D}$ $\overline{1E}$ $\overline{2E}$ $\quad$ $\overline{2D}$ $\overline{3E}$ $\overline{2E}$ $\quad$ $\overline{3D}$ $\overline{1D}$ $\overline{4E}$ $\overline{2E}$

$\overline{4D}$ $\overline{4E}$ $\overline{5E}$ $\overline{5D}$ $\overline{6I}$ $\overline{2D}$ $\overline{3D}$ $\quad$ $\overline{5D}$ $\overline{1E}$ $\overline{2D}$ $\overline{3D}$ $\overline{1E}$ $\overline{2E}$

$\overline{1E}$ $\overline{3E}$ $\quad$ $\overline{6D}$ $\overline{8E}$ $\overline{2D}$ $\quad$ $\overline{2D}$ $\overline{2E}$ $\overline{1E}$ $\overline{5D}$ $\overline{6E}$ $\overline{5D}$

$\overline{7D}$ $\overline{5D}$ $\overline{2E}$ $\overline{2E}$ $\overline{5D}$ $\overline{3D}$ $\overline{1E}$ .

## Lectura en veu alta

En aquest text hi ha algunes paraules que tenen les lletres barrejades. Prepara la lectura i llegeix el text en veu alta sense trencar el ritme de la lectura. ◆

El senyor Ambròs es va poasr la bata blanca que reresavba per a aquelles ocsainos. Cada noi proatva en una caixa de cartó els ingredients neecsasris per a l'experiemnt: un flascó amb vianger, un pot de bicarbonat, dos gots de vider, una cuellerta per agitar la mescla i una mica de coolarnt de paella per donar-hi color.
El laboratori era asoselllat. Cada alumne va suere davant la seva tuala, va treure les coses de la ciaxa i el senyor Ambròs va conemaçr a explicar l'ex-preinècia. Havien d'observar que si es msecla un àcid com el vianger amb una quantitat de bicraobnat s'alliebren gasos.

## Comprensió de la lectura

**1. On es va aturar l'autocar?**

a) Davant de la porta de la granja.
b) Davant de la porta de l'escola.
c) Al mig del carrer.

**2. El senyor Ambròs va passar llista...**

a) després que tots es van asseure.
b) abans de començar a jugar.
c) abans de pujar a l'autocar.

**3. Des de les finestres van poder veure...**

a) com se n'anaven els seus pares.
b) com deixaven enrere l'escola.
c) com arribaven a l'escola.

**4. On va seure el senyor Ambròs?**

a) Al costat d'en Simó.
b) Al costat de la Laura.
c) Al costat de l'Oriol.

**5. En Simó va treure de la bossa...**

a) un entrepà de truita.
b) un entrepà i una truita.
c) una bossa de patates fregides.

**6. El senyor Ambròs deixà la bossa a en Simó...**

a) quan eren a la porta de casa.
b) mentre pujaven a l'autocar.
c) mentre passava llista.

**7. L'autocar ja no podia tornar enrere...**

a) perquè era massa tard.
b) perquè ja eren molt lluny de l'escola.
c) perquè arribarien tard a la granja.

**8. Al cap d'una estona, com estaven els nois?**

a) Més esvalotats del que era normal.
b) Més tranquils que mai.
c) Una mica nerviosos.

**9. El professor va tornar a passar llista...**

a) abans de baixar de l'autocar.
b) després de baixar de l'autocar.
c) abans d'arribar.

**10. Què havien de respectar els alumnes?**

a) Els animals i les plantes.
b) Les flors del jardí.
c) La gespa del camp de futbol.

**11. Per començar, van anar a trobar...**

a) el conductor de l'autocar.
b) els monitors de la casa.
c) l'amo de la granja.

**12. Els alumnes, quan sentissin el xiulet,...**

a) haurien d'esperar el professor.
b) haurien d'acudir on fos el professor.
c) haurien de guardar silenci.

**13. De què s'alimentaven les vaques?**

a) D'alfals
b) D'herba
c) De pinso.

**14. De què reia l'amo de la granja?**

a) Dels comentaris que feien els nois.
b) D'un acudit d'en Simó.
c) D'una història que va explicar el mestre.

**15. Què feia la vaca rossa si s'enfadava?**

a) Sortia corrent de l'estable.
b) Escometia el que se li posava davant.
c) Menjava amb molta rapidesa.

**16. Els alumnes, on van dinar?**

a) En un pati de davant de la granja.
b) Al menjador de la granja.
c) A l'ombra d'una gran alzina.

**17. Els alumnes, en la mitja hora de descans,...**

a) podien dormir o jugar a futbol.
b) podien fer el que volguessin.
c) podien anar a veure els animals.

**18. Aquella mitja hora, on va anar en Simó?**

a) A veure la vaca rossa.
b) A veure els cavalls.
c) A visitar l'amo de la granja.

**19. Què va fer en Simó en veure sortir la vaca?**

a) Es va quedar glaçat de por.
b) Es va amagar rere una porta.
c) Va anar a avisar els altres.

**20. Per què van sortir de la granja tan tard?**

a) Perquè en Simó s'havia perdut.
b) Perquè el professor no havia tornat.
c) Perquè un dels alumnes s'havia fet mal.

## Per a llegir millor

Llegeix d'un sol cop d'ull les paraules o expressions següents fixant la vista en la línia central de cada columna. ◆

| | A | | B | | C |
|---|---|---|---|---|---|
| 1 | frens | 1 | pujar | 1 | bossa |
| 2 | aturar | 2 | davant | 2 | escola |
| 3 | carpeta | 3 | aixecar | 3 | rondina |
| 4 | finestres | 4 | els va dir | 4 | instal·lat |
| 5 | apressar | 5 | entrepans | 5 | ho va fer |
| 6 | amuntegar | 6 | les postres | 6 | als afores |
| 7 | en veu alta | 7 | no, gràcies | 7 | s'ha quedat |
| 8 | tot el viatge | 8 | què n'has fet | 8 | responsable |
| 9 | passar llista | 9 | donar l'ordre | 9 | es va adonar |
| 10 | ho he portat | 10 | la nit anterior | 10 | mirar de reüll |
| 11 | els refrescos | 11 | el meu menjar | 11 | sense botons |
| 12 | l'escapament | 12 | perdre de vista | 12 | dia d'excursió |
| 13 | tranquil·litzar | 13 | obrir la carpeta | 13 | el va conèixer |
| 14 | per casualitat | 14 | patates fregides | 14 | seure al costat |
| 15 | van anar seient | 15 | posar en marxa | 15 | va preguntar-li |
| 16 | entrepà de truita | 16 | les mans al cap | 16 | deixaven enrere |
| 17 | van deixar sentir | 17 | oloreta molt bona | 17 | envoltats de prats |
| 18 | poseu-vos en fila | 18 | agafar el micròfon | 18 | treure de la bossa |
| 19 | baixa de l'autocar | 19 | el nom de cadascú | 19 | es van sorprendre |
| 20 | a causa dels nervis | 20 | tan bé com pugueu | 20 | és una mica distret |
| 21 | uns altres menjaven | 21 | ara podem fer un joc | 21 | hem d'anar per ordre |

## Habilitat visual

Indica, tan ràpid com puguis, el nombre i la columna corresponents a les paraules o expressions següents. ◆

| | | | | | |
|---|---|---|---|---|---|
| què n'has fet | _____ | uns altres | _____ | es va adonar | _____ |
| la nit anterior | _____ | les mans al cap | _____ | de reüll | _____ |
| amuntegar | _____ | deixar sentir | _____ | no, gràcies | _____ |
| tot el viatge | _____ | poseu-vos en fila | _____ | instal·lat | _____ |
| sense botons | _____ | sorprendre | _____ | entrepans | _____ |

Busca en l'exercici anterior totes les paraules que porten la lletra x.

## Fes memòria

**Subratlla les dotze paraules o expressions que han sortit en les columnes de la pàgina anterior.** ◆

| | | | |
|---|---|---|---|
| per casualitat | pila de pots | entrepans | fer pam i pipa |
| aixecar | responsable | aprofitar | els refrescos |
| se m'escapa | hi va afegir | posar en marxa | prop de les dues |
| va sortir | patates fregides | converses | per casualitat |
| va preguntar-li | no, gràcies | tot el viatge | ho va fer |

## Pàgina numerada

**Enumera les línies de la pàgina 90 a partir del quart paràgraf («El matí...»). Després, llegeix aquest fragment i fes les activitats següents.** ◆

**1. En quina línia trobes...**

a) ...les paraules següents?

comentaris _____
disgustos _____
productes _____
alzina _____
tranquil _____
estable _____

b) ...les expressions següents?

la tenien a part _____
va anar passant _____
amb el cap _____
totes les coses _____
una vaca rossa _____
vaques de llet _____

c) ...la resposta a les preguntes següents?

Quan van veure les vaques? _____
On van dinar? _____
De què reia l'amo de la granja? _____
Quantes vaques hi havia? _____
Qui explicava el que visitaven? _____
De què s'alimentaven les vaques? _____

**2. Escriu les paraules de dues i tres síl·labes que porten una *b*:**

_____

**3. Escriu totes les paraules de tres síl·labes que porten una *v*:**

_____

# Camp visual

**Llegeix horitzontalment el text següent fent una fixació en les dues primeres columnes i dues fixacions en la tercera.** ◆

| | | |
|---|---|---|
| Després de dinar, | el senyor Ambròs | els va donar mitja hora de descans |
| perquè cadascú | fes el que volgués. | Els que ho volguessin, podien |
| quedar-se amb ell | i cantarien | algunes cançons. |
| En Simó va ser un | dels primers a marxar | per aprofitar la mitja hora de llibertat. |
| Va entrar | als estables | i se'n va anar a veure la vaca rossa. |
| Era una vaca | molt nerviosa, | amb les banyes afilades i cargolades. |
| Quan va veure en Simó, | es va posar | neguitosa i va bramar. |
| En Simó, enfilat | en una cornisa | molt ampla, que semblava gairebé |
| una plataforma, | la va punxar | amb un bastó en una anca. |
| L'animal | va sacsejar amb | força la pota i va gratar el terra. |
| En Simó va trobar | divertida | la reacció de la vaca i va continuar |
| molestant-la unes | quantes vegades. | Fins que la bèstia va trobar que |
| ja n'hi havia prou, | va agafar embranzida, | va envestir la porta de l'estable |
| i la va arrencar... | I va quedar | totalment lliure. |

# Memòria i comprensió

**Indica amb una creu (x) si les afirmacions sobre el text anterior són veritables (V) o falses (F).** ◆

| | V | F |
|---|---|---|
| **1.** Abans de dinar van tenir mitja hora de descans. | | |
| **2.** En un dels estables hi havia la vaca rossa. | | |
| **3.** Durant mitja hora els alumnes van fer el que van voler. | | |
| **4.** Durant la mitja hora, en Simó no va saber on anar. | | |
| **5.** La vaca, en veure en Simó, ni tan sols es va moure. | | |
| **6.** En Simó, des de darrere, la va punxar amb un bastó. | | |
| **7.** La vaca va començar a gratar el terra amb la pota. | | |
| **8.** A en Simó el divertia el que estava fent la vaca. | | |
| **9.** La vaca, d'una patacada, va arrencar la porta. | | |
| **10.** Al final, la vaca no va poder sortir de l'estable. | | |

# Paraules repetides

**En cada columna hi ha unes quantes paraules repetides. Busca quines paraules són i quantes vegades es repeteixen.** ◆

| | | |
|---|---|---|
| rodolins | respectar | estable |
| enfadat | començar | sacsejar |
| autocar | respondre | neguitosa |
| vàlvula | cargolar | enganxar |
| rodolins | passava | plataforma |
| apressar | connectar | responsable |
| enfadat | accions | velocitat |
| carpeta | arrencar | narrador |
| responsable | respectar | sacsejar |
| carretera | cargolar | velocitat |
| vàlvula | envoltar | asseure |
| correcció | connectar | divertida |
| rodolins | gallines | enganxar |
| fregides | malifetes | reaccions |
| viatge | cargolar | sacsejar |
| preguntar | passades | rossa |
| vàlvula | respectar | embranzida |
| bosses | connectar | velocitat |
| rodolins | correguda | córrer |
| rondinar | responsable | direcció |
| enfadat | aprofitar | sacsejar |
| esvalotat | cargolar | enganxar |

_____  _____

_____  _____

_____  _____

_____  _____

_____  _____

_____  _____

_____  _____

_____  _____

_____  _____

# Agilitat visual

**Fes aquestes activitats.** ◆

**1.** Hi ha una paraula que és en les tres columnes. Quina és? _____

**2.** Busca en les tres columnes les paraules que tenen les lletres següents i escriu-les.

_ss:_ _____

_rr:_ _____

_c:_ _____

# Ordenar les frases

**Tria una casella de cada columna i forma quatre frases.**
**Escriu-les a sota.** ◆

| El mestre | amb la camisa | va posar | durant una | i va bramar. |
|---|---|---|---|---|
| Quan va veure | no el volia | per fora | vista en tot | bona estona. |
| El mestre venia | va quedar | perdre de | dels pantalons | el viatge. |
| La granja | en Simó es | en silenci | neguitosa | i sense botons. |

_____

_____

_____

_____

# Més paraules

**Amb les lletres de la paraula que encapçala cada pergamí, forma noves paraules de més d'una síl·laba. Pots canviar l'ordre de les lletres, però no pots afegir-ne.** ◆

ENFADAT

CANTAIRES

ALEGRIA

AUTOCAR

SACSEJAR

CARPETA

FINESTRA

CARGOLAR

# Recordant en Simó

Cada una d'aquestes frases es refereix a un dels dotze primers capítols del llibre *Simó, Simó*, però tenen un error. Explica l'error a sota de cada frase. ◆

**1.** En Simó, buscant la seva pilota, va saltar la tàpia d'un hort i es va trobar amb un espantall.

_____

**2.** Feia uns quants anys que l'àvia havia regalat a la Fina, la germana d'en Simó, una nina molt bonica.

_____

**3.** Quan en Simó anava malament de diners, venia caramels als seus amics. Per cinc duros, un pot ple.

_____

**4.** Anant cap a casa, en Simó va sentir que algú li desfeia els cordons de les sabates. Era la Fina que havia tornat al seu costat.

_____

**5.** La senyora Càndida va caure desmaiada en adonar-se que havia menjat uns pastissos ja caducats.

_____

**6.** El senyor Ambròs va proposar als nois de la classe construir una peixera.

_____

**7.** En Simó sortia a capturar grills quan feia un bon sol i n'agafava uns cinquanta.

_____

**8.** A la classe de Socials en Simó, al final, va aconseguir fer-se entendre.

_____

**9.** Durant uns dies, el pati va quedar ple de clots, perquè els nois volien plantar-hi arbres.

_____

**10.** El gat que va portar en Simó a classe era un gatet que tenia a casa seva.

_____

**11.** En Simó arribava amb molta puntualitat a l'escola, menys els dies que feia manualitats.

_____

**12.** En Simó va deixar de fer el mort en sentir parlar el senyor Ambròs de repartir-se els objectes que els havien regalat.

_____